Ernst Wrba

Elsass

Radeln für die Seele

15 Wohlfühltouren

Droste Verlag

Rhein-Marne-Kanal bei Sarrebourg

APRES TOUT
APRES TOUT

ALLE RADTOUREN AUF EINEN BLICK

Itterswiller

Rastplatz
bei Mittlach

Liebe Leserinnen und Genussradler,

mit dem Elsass verbindet man malerische Fachwerkstädte mit vielen kulturellen Sehenswürdigkeiten und noch mehr kulinarischen Genüssen, endlose Weinberge und Winzerdörfer in Talmulden. Abwechslungsreiche Landschaften erstrecken sich von den dschungelartigen Rheinauen bis zu den Höhen der Vogesen mit ihren erfrischend grünen Tälern. Burgen und Ruinen zieren die Bergrücken. Weniger bekannt sind die uralten Kanäle, die sich durch abgeschiedene Regionen ziehen.

Auf 15 abwechslungsreichen Strecken- und Rundtouren, von denen jede ihren eigenen Charakter hat, können Sie entspannt auf alten Treidelpfaden, ehemaligen Bahntrassen, ebenen Uferwegen und aussichtsreichen Radwegen entlang der Weinstraße das wunderschöne Elsass erradeln. Die ursprünglichen Winzerdörfer und mittelalterlichen Städte sind eine Wohltat für die Seele. Angenehm fällt die hohe Qualität der Radwege, der Markierungen und der Beschilderung auf. Die Startpunkte der Touren sind so gewählt, dass man sie auch mit der Bahn erreichen kann. Meistens kann man nach der Tour noch einkehren oder etwas besichtigen. Die meisten Streckentouren sind so gewählt, dass man mit der Bahn auch bequem zurückfahren kann.

Ich wünsche Ihnen auf Ihren Touren viel Freude, Entspannung und nette Begegnungen mit den ausgesprochen freundlichen Elsässern.

Ernst Wrba

NATUR-INFO

KULTUR-INFO

TOUREN-/EVENT-INFO

GENUSS-INFO

- 40 Kilometer
- 10 Höhenmeter
- 3 Stunden
- Rundtour

La Sauer bei Munchhausen

Flussauen

Naturparadiese am Rhein

Mit Fähren, die von frühmorgens bis abends in kurzen Abständen verkehren, wechselt unsere Route zweimal die Rheinseite. Dabei ist lediglich zu beachten, dass die Fähren bei Hochwasser und extremem Niedrigwasser, das in Trockenperioden immer häufiger vorkommt, ihren Dienst einstellen müssen. Auskunft darüber geben die Internetseiten. Ein Ausweichen auf die nächsten Brücken würde die Radtour extrem ausdehnen und kommt eher nicht infrage.

*Die Radtour verläuft durch einen Teil des **PAMINA-Rheinparks,** ein deutsch-französisches Gemeinschaftsprojekt, das die einzigartige Auenlandschaft des Mittleren Oberrheins touristisch erschließt.*

Wir starten vom Parkplatz am Rheinufer beim **Restaurant Au Bord du Rhin ❶** mit seinem traumhaften Außenbereich unter mächtigen, Schatten spendenden Platanen. Flussabwärts direkt am Wasser entlang fahren wir vom Restaurant aus beginnend auf dem breiten asphaltierten Uferweg. Nach gut 1 Kilometer biegen wir bei einer Gruppe steinerner Picknickbänke schräg links ab. Der Rheinradweg EuroVelo 15 führt nun auf einem Damm weiter, der ein Naturschutzgebiet mit lichtem Wald entlang eines schmalen Altrheinarms durchquert, der von hier aus allerdings kaum sichtbar ist.

Nach 1,8 Kilometern überquert unser Weg die **Alte Lauter.** Sie zweigt hier ganz in der Nähe der Lauter ab, die zwischen der Mündung in den Rhein und dem über 20 Kilometer entfernten Wissembourg die Grenze zwischen Frankreich und Deutschland bildet. Der Grenzübergang hier ist ganz unspektakulär, genau wie der Blick von der Brücke auf den Rhein, wo sich eine virtuelle Sehenswürdigkeit befindet. In der Mitte des Rheins liegt der **östlichste Punkt Frankreichs ❷.** Genau

genommen fahren wir heute durch drei Länder: vom Elsass nach Rheinland-Pfalz und dann mit der Fähre nach Baden-Württemberg.

Wir folgen dem Verlauf des Wegs, der uns nach einigen Hundert Metern zurück zum Rheinufer führt. Nach 1,5 Kilometern Fahrt immer am Fluss mit seiner starken Strömung entlang erreichen wir die Anlegestelle der **Rheinfähre Baden-Pfalz ③,** mit der wir auf die baden-württembergische Seite übersetzen. Zu den Betriebszeiten (Mo–Fr 6.45–19 Uhr, Sa/So 10–19 Uhr) pendelt die Autofähre praktisch ständig zwischen den beiden Ufern.

Auf der rechtsrheinischen Anlegestelle erwartet uns das **Restaurant Zollhaus ④** mit seinem schönen Biergarten über dem Rheinufer, von dem man den Fährbetrieb und vorbeifahrende Schiffe beobachten kann. Wir fahren 500 Meter auf der Straße vom Fähranleger landeinwärts und biegen an einem Deich rechts ab auf den Radweg Richtung **Plittersdorf.** Ein gut befahrbarer geschotterter Weg führt entlang der Deichkrone durch naturbelassenen Auwald. Rechts von uns erstreckt sich ein Naturschutzgebiet um

Für die Seele

Eine gemütliche Fahrt am Rhein entlang durch Naturschutzgebiete mit Altarmen, Feuchtwiesen und unberührten Auwäldern, in denen wir zahlreiche Vögel beobachten.

Rheinradweg bei Au am Rhein

den Auer Altrhein. An einer lichten Stelle führt ein Weg rechts hinunter zum **Naturschutzgebiet Bremengrund** **5** und überquert den Altrheinarm. Dort ist eine vielfältige Vegetation mit artenreicher Tierwelt erhalten geblieben.

Entlang des ausgedehnten naturbelassenen Auwalds radeln wir weiter über den Damm. Nach etwa 2,5 Kilometern können wir bei einem kleinen Parkplatz, an dem eine Brücke über den Altrheinarm **Scheidgraben** führt, einen Blick in das Naturidyll werfen. Weiter geht es auf der Deichkrone immer entlang des wunderbaren Auwalds zwischen Damm und Rhein. Nach etwa 400 Metern kreuzt eine Straße unseren Weg. Hier knickt unser Radweg auf dem Deich links ab und führt weiter in südwestlicher Richtung.

Wir kommen schließlich an **Elchesheim-Illingen** vorbei, das sich links von uns erstreckt, während sich rechts das Naturschutzgebiet **Auer Köpfle – Illinger Altrhein – Motherner Wörth** ausdehnt. Nun tauchen wir

Naturschutzgebiet Bremengrund

Alte Zille am Goldkanal

wieder in den Auwald ein, der uns mit seinem satten Grün umschließt. Nach 1 Kilometer führt eine kleine Straße rechts hinunter, ausgeschildert mit Ralfs Bootshaus. Wenn wir hier einen kleinen Abstecher zum **Goldkanal** machen, einem zu einem Baggersee erweiterten Altarm, treffen wir bald auf eine 170-jährige Eiche, hinter der sich ein schöner Strand erstreckt. Auf dem weißen Sand liegen malerisch die Boote von Anglern.

Zurück auf dem Radweg fahren wir weiter Richtung **Rastatt.** Nach knapp 2 Kilometern halten wir an einer Infotafel, die uns auf das vor uns liegende Naturschutzgebiet **Silberweidenwald** ❻ aufmerksam macht. Kurz danach stoßen wir an einer T-Kreuzung auf eine asphaltierte Straße, auf die wir links Richtung **Plittersdorf** abbiegen. Rechts der Straße fließt die kanali-

In den Auen, die regelmäßig überflutet werden, wachsen ***Silberweiden.*** *Sie sind Zeitzeugen einer vielfältigen Nutzung und heute sich selbst überlassen. Einst lieferten sie das Material für Korb- und Holzschuhmacher und zum Fachwerkhausbau.*

sierte Murg in ihrem künstlichen Bett durch den Silberweidenwald Richtung Rhein. Die Straße verlässt bald das Flussufer nach links, während wir auf dem Radweg weiter entlang der **Murg** Richtung Plittersdorf fahren. Vor uns erkennen wir die Silhouette des Schwarzwalds mit dem kegelförmigen Merkur.

Silberweidenwald

An der nächsten Brücke überqueren wir die Murg und fahren ein Stück entlang der Plittersdorfer Straße durch das **Rastatter Ried.** Nach gut 400 Metern biegen wir rechts ab Richtung Plittersdorf. Wir radeln weiter durch das pittoreske Ried mit seinen Wiesen, Feldern, Bäumen und Streuobstwiesen. An einer Wegkreuzung folgen wir dem grünen Radwegepfeil nach links. Wir fahren weiter durch die Ebene mit alten Nuss- und Obstbäumen sowie Wiesen, auf denen gerne Störche nach Futter suchen, bis wir nach 1,7 Kilometern rechts abzweigen. Bald schon erreichen wir **Plittersdorf.** Auf der Lange Straße fahren wir stets geradeaus durch ein Wohngebiet bis zu einem Deich, der den Ort von einem weiteren Altrheinarm trennt. Von einer Bank, auf der wir eine Pause einlegen, beobachten wir Schwäne, Störche, Graureiher und Haubentaucher am Wasser, während große Greifvögel in der Luft ihre Runden drehen.

Wir folgen dem Radweg nach links bis zu einer Brücke, auf der wir den Altarm überqueren und auf einer breiten Straße bis zur **Rheinfähre Plittersdorf-Seltz** ⑦ fahren. Am Fähranleger können wir auf einer der Picknickbänke auf der schattigen Uferpromenade auf die französische Strömungsfähre warten, die uns geräuschlos, umweltfreundlich und sogar kostenlos zurück ins Elsass bringt.

Am anderen Ufer biegen wir vor dem ehemaligen Zollhäuschen in der Straßenmitte rechts auf den asphaltierten Radweg Richtung **Lauterbourg** ab. Fährt man stattdessen noch ein paar Meter geradeaus, erreicht man das Restaurant **Auberge du Rhin** ⑧, das abends und an Wochenenden auch mittags zu Tisch bittet.

Altrhein bei Plittersdorf

Nach 100 Metern fahren wir vor einem Campingplatz rechts. Nach weiteren 200 Metern führt die Zufahrt links zum Campingplatz auch zum großen weißen Sandstrand **Plage de Seltz 9**, an dem man für eine kleine Gebühr Pause machen und im **Baggersee von Seltz** baden kann. Wir radeln weiter und kommen an einer riesigen Kies- und Sandgrube vorbei. Danach halten wir uns leicht links und folgen weiter dem asphaltieren Radweg. Rechts von uns erstreckt sich der ehemalige Baggersee **Willersin** mit seinem türkisfarbenen Wasser, der heute zum Naturschutzgebiet **Sauer-Delta** (Réserve naturelle du delta de la Sauer) gehört. Nur aus der Luft oder bei einem Blick auf die Karte erkennt man die zahlreichen Altarme im Auwald mit grünen Feuchtwiesen, durch den sich auch die

Sauer schlängelt, um schließlich in den Rhein zu münden. Wir genießen die Fahrt durch dieses wunderbare Naturparadies, das man anders nicht erreichen kann.

Schließlich überqueren wir auf einer Brücke am Ortsrand von **Munchhausen** die Sauer. Von hier haben wir einen schönen Blick auf das Sauer-Delta und den Fluss, an dem zahlreiche Zillen (traditionelle Fischerboote) liegen. Fährt man nach der Brücke geradeaus und an der T-Kreuzung rechts, erreicht man nach rund 100 Metern das zauberhafte **Restaurant A la Rose** ⑩ mit Fachwerk und malerischem Gastgarten unter alten Platanen.

Wir setzen die Tour fort, indem wir nach der Brücke rechts auf den Radweg Richtung **Karlsruhe** und Mothern abbiegen. An der Kreuzung vor einem Campingplatz fahren wir rechts und folgen dem Weg auf einem

*Die **Begradigung des Oberrheins** begann bereits 1817 im Badischen und endete erst 1876. Sie war das Lebenswerk von Johann Gottfried Tulla und diente zunächst in erster Linie der Trockenlegung von Sümpfen und dem Hochwasserschutz.*

La Sauer bei Munchhausen

Störche

Deich, der uns bald wieder in grüne Natur und in unmittelbare Nähe des Rheins entlässt. Wir durchqueren den **Wald von Mothern** und halten uns an einer Gabelung auf dem asphaltierten Weg links. Wir folgen dem Verlauf des Wegs, der den Hafen von Lauterbourg tangiert. An der nächsten Gabelung vor einem Industriegebäude biegen wir links ab und folgen im weiteren Verlauf des Wegs stets den Radwegweisern des EuroVelo 15.

Vor einem Umspannwerk überqueren wir die **Rue de l'Ancienne Raffinerie** mit einem Schlenker nach links

Restaurant A la Rose

Rheinhafen Lauterbourg

und folgen den Radwegweisern Richtung Karlsruhe. Schließlich treffen wir auf einen Kreisverkehr, an dem wir schräg rechts auf die **Route du Rhin** abbiegen. An der nächsten Gabelung unterqueren wir nach links ein Förderband, um auf der Route du Rhin zu bleiben. Vorbei an einem Kies- und Sandwerk radeln wir weiter auf der breiten Hafenstraße auf ein Chemiewerk zu. Am Stoppschild biegen wir rechts ab und erreichen kurz danach den Parkplatz am Ausgangspunkt unserer Rundtour beim Restaurant Au Bord du Rhin. Um zum **Bahnhof von Lauterbourg** zu gelangen, muss man am Stoppschild links abbiegen.

FRANKREICH
DEUTSCHLAND
Lauterbourg
Neuburgweier
Mörsch
Au am Rhein
Würmersheim
Durmersheim
Elchesheim-
Illingen
Steinmauern
Bietigheim
Ötigheim
Muggensturm
Plittersdorf
Munch-
hausen
Mothern
Neewiler-près-
Lauterbourg
Wintzenbach
Seltz
Rhein
Auer Köpfle
Illinger
Altrhein
Motherner
Wörth
Gold-
kanal
Willersin
Réserve
naturelle
du delta
de la Sauer
Murg
35
36
3
5
P
1
2
3
4
5
6
7
8
9
10

Alles auf einen Blick

Entspannung ✱✱✱✱✱
Genuss ✱✱✱✱✱
Romantik ✱✱✱✱✱

WIE & WANN:
Größtenteils kaum befahrene Straßen, auf deutscher Seite geschotterte und auf französischer Seite asphaltierte Radwege, keine Steigungen. Zwei Fährverbindungen täglich von Mai bis Oktober außer bei Hoch- oder Niedrigwasser, www.rheinfaehre-leimersheim.de, inforoute.alsace.eu.

HIN & WEG:
Auto: Parkplatz am Rheinufer, 12 Port du Rhin, 67630 Lauterbourg (GPS: 48.95811, 8.19557)
ÖPNV: Bf. Lauterbourg (RB), 1,8 Kilometer über die D 3 Route du Rhin

ESSEN & ENTSPANNEN:
Restaurant Au Bord du Rhin ❶ 12 Port du Rhin, 67630 Lauterbourg, Tel. +33 (3) 88 94 80 20, www.au-bord-du-rhin.fr
Restaurant Zollhaus ❹ Am Altrheinhafen 1, 76474 Au am Rhein, Tel. +49 (72 42) 93 99 60, www.restaurant-zollhaus.de
Auberge du Rhin ❽ Rue Annexe du Rhin, 67470 Seltz, Tel. +33 (3) 88 86 51 18, www.aubergedurhin.com
Restaurant A la Rose ❿ 35 Rue du Rhin, 67470 Munchhausen, Tel. +33 (3) 88 86 51 86

ENTDECKEN & ERLEBEN:
Östlichster Punkt Frankreichs ❷
Rheinfähre Baden-Pfalz ❸ Tel. +49 (1 76) 21 82 61 99, www.rheinfaehre-neuburg.de
Naturschutzgebiet Bremengrund ❺
Silberweidenwald ❻
Rheinfähre Plittersdorf-Seltz ❼ Tel. +33 (3) 68 33 80 81, www.inforoute67.fr
Plage de Seltz ❾

Naturschutzgebiet
Lauterniederung

- 35 Kilometer
- 50 Höhenmeter
- 3 Stunden
- Rundtour

Im Keltenwald

Grenzgängertour im Lautertal

Wir beginnen unsere Radtour am Bahnhofsvorplatz in **Wissembourg.** Von hier fahren wir auf dem Rad- und Fußweg an der D 3 in südöstlicher Richtung stadtauswärts. Vorbei an einigen Gewerbebetrieben fahren wir am ersten Kreisverkehr geradeaus und biegen am zweiten rechts ab Richtung **Haguenau.** Sofort danach halten wir uns dem Radwegweiser folgend rechts und radeln geradeaus weiter, um kurz danach eine Bahnlinie zu unterqueren. Nach der Unterführung nehmen wir an einer Gabelung die linke Straße, um nach 200 Metern schon wieder nach links abzubiegen. Durch eine Tunnelröhre kreuzen wir die **D 263 G** und fahren danach nach rechts auf dem Radweg 100 Meter weiter, um nun wieder schräg links dem Radwegesymbol folgend in die **Rue Maurice Allais** abzubiegen. Wir fahren an einem weitläufigen Gewerbegebiet vorbei, bis wir nach links in eine Bahnunterführung geleitet werden.

Nun verlassen wir die Ausläufer von Wissembourg, passieren noch eine moderne, große Biogasanlage, um danach nur noch von Feldern, Wiesen und Bäumen umgeben zu sein. Unser Radweg taucht in einen Wald ein, in dem wir an der ersten Kreuzung rechts Richtung **Lauterbourg** abbiegen. Kurz bevor wir auf die **D 244** treffen, biegen wir links ab auf die alte Bahntrasse, die von hier bis **Scheibenhard** als Radweg ausgebaut ist. Die Bahnstrecke zweigt wenige Hundert Meter von hier entfernt von der Bahnlinie Wissembourg–Haguenau ab, die wir vorhin unterquert haben.

*Die **Bahnstrecke Wissembourg–Lauterbourg,** auf deren Trasse wir hier radeln, diente seit 1900 als Verbindung der beiden Hauptlinien Wörth–Straßburg und Winden–Wissembourg–Strasbourg (Straßburg). Zwischen 1947 und 1970 wurde sie peu à peu stillgelegt und 1992 als Radweg eröffnet.*

Der perfekt asphaltierte Weg führt nun durch einen märchenhaft schönen Mischwald mit schlanken,

Bahntrassenradweg
bei Wissembourg

Für die Seele

Auf ebenen Wegen durch idyllische Landschaft radeln und durch einsame, mystische Wälder zurück in ein mittelalterliches Fachwerkstädtchen, in dem feine Restaurants locken.

hohen Bäumen, vielen Akazien und efeuumrankten Baumstämmen. Später verlassen wir den Wald wieder und werden von Feldern und Wiesen in sanft hügeliger Landschaft begleitet. Danach fahren wir wieder am Waldrand entlang, bis wir die Rue de la Forêt in **Schleithal** kreuzen. Kurzzeitig geht der Radweg in eine Wohnstraße in einem Neubaugebiet über. Vor einer Grünanlage fahren wir mit einem Schlenker nach rechts geradeaus weiter durch die **Rue de la Paix.** Der folgen wir bis zu einer T-Kreuzung. Hier biegen wir links und gleich wieder rechts ab, verlassen den Ort und fahren weiter auf der ehemaligen Bahntrasse.

Wenig später tangieren wir ein Neubaugebiet von **Salmbach,** kreuzen die Rue du Stade, um kurz danach auf der ursprünglichen Bahntrasse aus dem Ort wieder herauszufahren. Unser Blick schweift über schier endlose Maisfelder in sanft hügeliger Landschaft.

Wir erreichen schließlich **Niederlauterbach,** wo wir auf die Rue de la Forêt treffen und hier – leicht nach rechts versetzt – geradeaus durch die Rue de la Gare weiterfahren. Hier wurde das Bahngelände mit Einfamilienhäusern bebaut. Aber die Straßennamen erinnern noch an die alten Zeiten, als der Ort noch einen Bahnanschluss hatte. Wir fahren stets geradeaus weiter durch die Rue de la Gare, die in die Rue du Chemin de Fer übergeht, bis wir schließlich ab dem Ortsende wieder auf dem Bahndamm unterwegs sind.

Die leicht erhöhte Trasse bietet uns einen schönen Blick auf die Landschaft. Links in einiger Entfernung begleitet uns der Bienwald, durch den sich die Lauter unbegradigt als Grenzfluss schlängelt. Kurz vor Scheibenhard treffen wir wieder auf die **D 244.** Früher führte die Bahnlinie hier noch wenige Kilometer weiter bis Lauterbourg, wo sie in die heute noch bestehende Bahnlinie Wörth–Straßburg mündete. Wir biegen hier vor der Straße links ab auf einen asphaltierten Radweg Richtung **Scheibenhard.**

*Als **Scheibenhardt** im 12. Jahrhundert gegründet wurde, war es deutsch. Ende des 17. Jahrhunderts wurde es französisch. 1815 wurde es geteilt, 1871 nach dem deutsch-französischen Krieg wiedervereint und deutsch, nach dem Ersten Weltkrieg erneut getrennt.*

An einem Stoppschild überqueren wir die **D 3** und folgen dem Verlauf der kleinen Straße, auf der wir auf die ersten Häuser von **Scheibenhard** treffen. Wir fahren leicht bergab hinunter ins Lautertal, wo wir an einer T-Kreuzung auf die **D 403** stoßen. Wir biegen hier links ab zur Brücke über die Lauter. Sie verbindet das Dorf Scheibenhard auf elsässischer Seite mit Scheibenhardt auf der pfälzischen Seite. Gleichzeit trennt die **Grenze** ❶ seit dem Wiener Kongress 1815 beide Orte in „hüwwe" und „drüwwe". Im Jahr 1993 wurden die Grenzanlagen abgebaut und das Dorf wuchs langsam zusammen, heute hat sich der Trend bei der Jugend dank mangelnder gemeinsamer Sprachkenntnisse leider wieder umgekehrt.

Grenze in Scheibenhard

Wir überqueren die Brücke auf die pfälzische Seite. Vorbei an der senkrecht gestellten Grenzschranke fahren wir über die **Hauptstraße** bis zu einer Gabelung, an der wir links in die **Maxstraße** abbiegen. Vor einem Sportplatz gabelt sich die Straße erneut. Wir fahren hier wieder links Richtung **Bienwaldmühle** auf der wenig befahrenen **L 545.** Links der Straße sehen wir Wiesen mit Bäumen, durch die die Lauter unreguliert mäandern darf, wie über viele Kilometer ab Wissembourg. Bald schon taucht die Landstraße in den **Bienwald** ein, ein 120 Quadratkilometer großes Waldgebiet.

Nach etwa 2,5 Kilometern kommen wir an einer **Schutzhütte** gegenüber einem Forsthaus vorbei. Nach weiteren 1,5 Kilometern erreichen wir in einem kleinen Weiler den **Waldgasthof Bienwaldmühle ❷,** eine beliebte Ausflugsgaststätte an der Lauter mit einladendem Biergarten. Wir folgen weiter der Landstraße, die gleich wieder in den romantischen Bienwald eintaucht. Wir fahren noch ungefähr 2 Kilometer geradeaus, bis die Straße eine leichte Rechtskurve macht.

*Der **Bienwald** wurde schon im 7. Jahrhundert als Biwalt erwähnt. In ihm verbergen sich unter anderem ein Gräberfeld aus der Bronzezeit, eine Wehranlage aus dem 10. Jahrhundert und historische Grenzsteine. Ein Naturschutzgroßprojekt sorgt für den Erhalt der außergewöhnlichen Artenvielfalt.*

Bienwaldmühle

Kurz danach biegen wir schräg links auf einen Forstweg ab, ausgeschildert als Radweg Richtung **Wissembourg.**

Hier wird das Walderlebnis noch intensiver. Wir fahren noch ca. 4 Kilometer durch diesen märchenhaften, verwunschen wirkenden Wald, bis wir auf eine einspurige **Bahnlinie** mit einem beschrankten Übergang stoßen. Wir überqueren die Schienen und biegen danach links Richtung **Wissembourg** auf einen geschotterten Weg ab. Wir kommen an einem Sportflugplatz vorbei und sehen dann links

Quartier de Bruch

die naturbelassenen Auen der Lauter, durch die gerne Störche spazieren. Rechts von uns erkennen wir in der Ferne die Berge des Pfälzer Walds.

Wir überqueren bald die praktisch unsichtbare Grenze ins Elsass, würde dort nicht der geschotterte Weg in Asphalt übergehen. Kurz danach erreichen wir die ersten Häuser von **Altenstadt,** wo der Weg in die **Rue du Sable** übergeht. Diese stößt bald auf eine Vorfahrtstraße, an der wir links abbiegen. Sofort danach geht es wieder rechts Richtung **Wissembourg.** Aber hier sollten wir noch einen kleinen Abstecher geradeaus zur nahen mittelalterlichen Kirche **Église St-Ulrich d´Altenstadt** ❸ aus dem 11. Jahrhundert machen. Sie zählt zu den ältesten Kirchen des Elsass und hier beginnt auch die elsässische Straße der Romanik. Kurz zuvor überqueren wir die Lauter, an der noch ein alter Waschplatz erhalten ist.

Au P´tit Kougelhopf

Wir folgen dem Verlauf der Straße, bis wir auf eine Vorfahrtstraße treffen, wo wir links auf einen Radweg abbiegen. Wir fahren an einem Auchan-Supermarkt vorbei und erreichen eine Kreuzung. Wir biegen links ab und treffen nach 500 Metern auf den **Bahnhof,** wo wir unsere Tour gestartet haben. Von dort erreichen wir auch die Altstadt für eine Besichtigung, indem wir noch wenige Hundert Meter geradeaus durch die **Rue Bannacker** fahren. Diese geht im malerischen historischen Stadtzentrum in die **Rue Nationale** über. Gute

Kirche St-Pierre-et-St-Paul

Einkehradressen säumen die Straße. Zu empfehlen sind das Restaurant **Le P´tit Dominicain ❹**, **Le Carrousel Bleu ❺** und die **Hostellerie au Cygne ❻**. Wer den traditionellen Gugelhupf kosten möchte, kommt um die **Pâtisserie Au P´tit Kougelhopf ❼** nicht herum. Über den **Marktplatz** am Rathaus vorbei überquert man die Lauter, die hier durch das malerische **Quartier de Bruch** fließt. Dominiert wird das Viertel von der mächtigen und äußerst sehenswerten gotischen **Kirche St-Pierre-et-St-Paul ❽**. Sie wurde im 13. Jahrhundert als Abteikirche eines Benediktinerklosters erbaut, das im 16. Jahrhundert säkularisiert wurde. Der unvollendete Kreuzgang beeindruckt noch heute. Im stimmungsvollen Innenraum besticht das 11 Meter hohe Wandbild des heiligen Christophorus, das größte Heiligenbild in ganz Frankreich. Der Süden und Westen des Bruch-Viertels werden bis heute von einer Stadtmauer und einem Arm der Lauter umschlossen.

Ein besonders malerischer Ort, an dem man zudem besonders gut speisen kann, ist das **Restaurant Le Caveau du Châtelet ❾**, dessen idyllischer Gastgarten direkt an der Lauter zwischen einer Mühle und dem historischen **Maison de l'Ami Fritz** liegt. Ein perfekter Ort, um die Radtour und die Stadtbesichtigung zu beenden.

Maison de l´Ami Fritz und Restaurant Le Caveau du Châtelet

Die Lauter in Wissembourg

Schweigen-Rechtenbach
Minfeld
Schaidt
Steinfeld
Kapsweyer
Schweighofen
DEUTSCHLAND
Bienwald
Bienwaldmühle
Lauter
Lauter
Scheiben-hardt
Scheiben-hard
Wissembourg
Hippodrome de la Hardt
Steinseltz
Riedseltz
Schleithal
Salmbach
FRANKREICH
Seebach
Niederlauterbach
38
264
263
35
1
2
3
4
5
6
7
8
9
P

Entspannung ★★★★☆

Genuss ★★★★☆

Romantik ★★★★★

WIE & WANN:
Ebener Radweg auf Bahntrasse, vorwiegend asphaltiert, wenig befahrene Straßen, keine nennenswerten Steigungen. Ganzjährig gut befahrbar, am schönsten von Frühling bis Herbst.

HIN & WEG:
Auto: Parkplatz und Wohnmobilstellplatz Pépinière (kostenlos), 8 Avenue de la Gare, 67160 Wissembourg (GPS: 49.03233, 7.9479)
ÖPNV: Gare de Wissembourg (TER)

ESSEN & ENTSPANNEN:
Waldgasthof Bienwaldmühle ❷ Bienwaldmühle 3, 76779 Scheibenhardt, Tel. +49 (63 40) 2 76, www.bienwaldmuehle.de
Le Petit Dominicain ❹ 36 Rue Nationale, 67160 Wissembourg, Tel. +33 (3) 88 94 90 87, www.restaurant-lepetitdominicain.fr
Le Carrousel Bleu ❺ 17 Rue Nationale, 67160 Wissembourg, Tel. +33 (3) 88 54 33 10, www.le-carrousel-bleu.fr
Hostellerie au Cygne ❻ 3 Rue du Sel, 67160 Wissembourg, Tel. +33 (3) 88 94 00 16, www.hostellerie-cygne.com
Pâtisserie Au P´tit Kougelhopf ❼ 20 Rue Nationale, 67160 Wissembourg, Tel. +33 (3) 88 94 00 56
Le Caveau du Châtelet ❾ 65 Faubourg de Bitche, 67160 Wissembourg, Tel. +33 (3) 88 94 16 11

ENTDECKEN & ERLEBEN:
Grenze ❶
Église St-Ulrich d´Altenstadt ❸ Rue Principale, 67160 Wissembourg
Kirche St-Pierre-et-St-Paul ❽ Avenue de la Sous-Préfecture, 67160 Wissembourg, Tel. +33 (3) 88 94 16 31

- 24 Kilometer (48 Kilometer)
- 30 Höhenmeter
- 3 Stunden (5 Stunden)
- Strecke (hin und zurück)

Alte Eiche am Grand Étang de Mittersheim

Wasser und Forst

An alten Kanälen in Grand Est

Am **Bahnhof von Sarrebourg** verlassen wir die Place de la Gare mit dem Bahnhofsgebäude im Rücken in südwestlicher Richtung und halten uns dabei so weit wie möglich rechts durch die Rue de l'Europe. Vor der Saar beschreibt die Straße eine Linkskurve und trifft auf die Hauptverkehrsstraße **Avenue Poincaré.** Hier halten wir uns rechts und treffen nach ca. 100 Metern auf die Abzweigung nach rechts zum **Parking Faubourg de France.** Genau hier überqueren wir die breite Straße auf einem Fußgängerüberweg. Wegen der Einbahnstraßenregelung schiebt man die Räder, wenn man vom Parkplatz kommt, der Einfachheit halber durch die Zufahrtstraße hierher.

Chapelle des Cordeliers, Marc-Chagall-Fenster

Wir fahren dann links über die Brücke Richtung **Hôtel de Ville** (Rathaus). Unser Radweg knickt direkt nach der Brücke mit der Straße rechts ab und führt ein Stück am Saarufer entlang. Wir sollten aber zunächst einen Abstecher in die verkehrsberuhigte Grand' Rue geradeaus machen. Gleich rechts steht eine Markthalle. Wir fahren über die halbrunde **Place du Marché** und biegen an ihrem Ende an der Kreuzung links ab. Hier sehen wir schon die **Chapelle des Cordeliers ❶.** Zwar weist sie von außen keine vielversprechenden Reste einer gotischen Kirche auf, aber ihren Innenraum schmückt das spektakuläre, größte

Glasfenster, das Marc Chagall jemals gestaltet hat. Im Ticket inbegriffen ist auch der Eintritt ins **Musée du Pays de Sarrebourg ❷,** in dem ein großer Wandteppich von Chagall ausgestellt ist. Vor allem die Kirche mit dem wunderbaren Kunstwerk im typischen Stil Chagalls lohnt einen Besuch.

Zurück auf dem Radweg fahren wir ein Stück am **Quai Jean XXIII** entlang, um gleich schräg rechts in die **Allée des Aulnes** abzubiegen, um an der Saar entlangzuradeln. Bald endet die Straße und geht in einen Radweg über, der weiter am Fluss entlangführt, der sich durch idyllisches Grün schlängelt.

Wir erreichen den Badesee **Étang de Lévêque,** an dem es rechts zwischen See und Fluss weitergeht. Am gegenüberliegenden Ufer befindet sich ein Strandbad mit Sandstrand. Wir fahren durch einen Park bis an das Ende des Sees. Dort verlassen wir den Weg und überqueren rechter Hand die Saar auf einer Brücke. Sofort danach biegen wir auf einen Radweg links ab, der an einer Bahnlinie entlangführt.

Étang de Lévêque

Für die Seele

Wir bestaunen Chagalls größtes Glasfenster und radeln an den Ufern alter Kanäle entlang durch eine Landschaft aus stillen Seen und prächtigen Wäldern.

Radweg Rhein-Marne-Kanal am Le Petit Étang bei Gondrexange

Wir radeln an **Imling** vorbei, das sich malerisch im Wasser der Saar spiegelt. Im weiteren Verlauf entfernt sich der Weg von der Bahnlinie und führt durch die grüne, parkähnliche Umgebung. An einer roten Absperrung, damit breite Fahrzeuge nicht auf den Radweg fahren können, überqueren wir eine Straße in einer Kurve und fahren danach auf einem Radweg parallel zur **D 42** geradeaus weiter. Wenig später unterqueren wir unter einer breiten Brücke die vierspurige Schnellstraße **N 4.**

Rhein-Marne-Kanal und
Le Petit Étang bei Gondrexange

50 Meter hinter der Brücke verlassen wir den Radweg. Dazu überqueren wir die Straße und fahren auf den gegenüber abzweigenden Schotterweg. Nachdem wir eine Schranke passiert haben, steigt der Weg sehr bald recht kurz, aber sehr steil an und stößt auf den asphaltierten Radweg am **Canal de la Marne au Rhin** (Rhein-Marne-Kanal-Radweg). Hier fahren wir rechts, kurz danach führt der Weg wieder recht steil abwärts und trifft auf den Kanal. Hier halten wir kurz und schauen zurück. Unsere Bewunderung gilt den Ingenieuren und Arbeitern, die hier Mitte des 19. Jahrhunderts mit Schaufeln bewaffnet für den Verlauf des Kanals einen solch tiefen künstlichen Einschnitt ins Gelände schufen.

Wir folgen ab hier lange dem fein geschotterten Radweg, der auf den Treidelwegen entlang des Kanals verläuft. Insgesamt viermal wechseln wir über Brücken die Seiten, können aber stets direkt am Wasser entlangfahren. Am Wegesrand sind einige der historischen Kilometersteine aus Sandstein erhalten geblieben. Büsche und Bäume geben immer wieder den Blick auf die recht hügelige Landschaft frei, durch die der Kanal führt.

*Der **Canal de la Marne au Rhin** hat eine Gesamtlänge von 293 Kilometern und 154 Schleusen. Bis 1930 wurden die Schiffe auf den Treidelwegen von Pferden gezogen, von da an wurden auch elektrische Treidellokomotiven eingesetzt.*

In **Xouaxange** verlassen wir kurz den Weg am Kanal entlang, der hier in einem künstlichen Einschnitt durch einen Hügel verschwindet. An einem Stoppschild kreuzen wir eine Straße, über die man den Kanal überqueren kann. Für eine Rast fahren wir auf der gegenüberliegenden Seite zu einem kleinen **Hafen** mit Picknickbänken hinunter. Biegt man nach rechts ab, erreicht man die **Auberge du Mesnil,** das einzige Lokal an der gesamten Strecke bis Mittersheim. Geradeaus führt der Radweg wieder hinunter zum Wasser, an dem wir weiter entlangfahren.

Wir nähern uns langsam dem Zementwerk von **Heming**, das schon aus der Ferne zu sehen ist. Kurz vor dem Werk wechseln wir über die **D 41** auf die andere Kanalseite und fahren nun direkt an der riesigen Fabrikanlage entlang. Kurz danach unterqueren wir noch einmal die Schnellstraße **N 4.** Wenig später wechseln

Saarkanal, Schleuse 1

wir über die nächste Brücke wieder auf die rechte Seite des Kanals. Ab hier sind wir nun durchgehend auf asphaltierten Wegen unterwegs.

Angler auf dem Étang du Stock

Da kaum Sträucher den Blick behindern, ist der Verlauf des Kanals im hügeligen Gelände gut zu erkennen, der hier ohne Schleusen auskommt. Bei **Gondrexange** verbietet uns ein Verkehrsschild die Weiterfahrt auf dieser Kanalseite, weshalb wir an der Brücke wieder die Seite wechseln. Die kleine **Bäckerei L'Ami du Pain ❸** mit einer ebenso kleinen Caféterrasse ist schnell über die schräg links abzweigende Rue de Landange erreicht.

Am Ende des Dorfs kreuzt die D 89 den Kanal. Wir überqueren die Straße und halten kurz, um uns von hier oben einen Überblick zu verschaffen, bevor wir wieder hinunter zum Kanal fahren, ohne die Seite zu wechseln. Vor uns sehen wir den Rhein-Marne-Kanal umgeben von jeder Menge Wasser, dem **Étang de Gondrexange** (Gunderchinger Weiher). Er wurde schon im 14. Jahrhundert von Mönchen für die Fischzucht als Stausee angelegt und ist durch Wasserwege mit anderen Teichen in der Region verbunden. Seitdem Mitte des 19. Jahrhunderts der Rhein-Marne-Kanal und der Saarkanal, der hier in der Nähe abzweigt, durch den Teich geführt wurden, teilen sie ihn in mehrere Abschnitte. Er dient seither als Wasserreservoir für beide Kanäle, die hier oben ihren Scheitelpunkt haben.

Wir fahren knapp 2 Kilometer weiter über den Radweg am Kanal, bis wir auf die **Fußgängerbrücke** 4 treffen, die den Kanal an der Abzweigung des Saarkanals überquert. Die Überquerung ist vor allem für schwere E-Bikes nicht ganz einfach, obwohl eine Schiene die Treppe säumt. Der Blick von oben lohnt allerdings die Anstrengung: Von hier sieht man die schier endlosen Wasserflächen des großen und kleinen Teichs und die Kanalabzweigung. In östlicher Richtung ist deutlich die Silhouette des knapp 100 Kilometer entfernten Nordschwarzwalds zu erkennen.

Entlang des **Saarkanals** mit dem sperrigen französischen Namen **Canal des Houillères de la Sarre** (Kohlekanal) setzen wir die Fahrt fort. Am Ende des Étang de Gondrexange kommen wir am **Port de Houillon** vorbei, bevor wir nach etwa 3,5 Kilometern die Schleuse Nr. 1 passieren und danach auf einem Damm durch den **Étang du Stock** fahren. Seit 1920 speist dieser Stausee den Kanal mit Wasser. Der Kanal trennt den See, dessen Ursprünge auf das 14. Jahrhundert zurückgehen,

Saarkanal, Brücke am Treidelweg

und erlaubt den Austausch des Wassers unter der **Kanalbrücke ❺.** Sie bietet den besten Blick auf den 700 Hektar großen See.

Hier haben wir nach 24 Kilometern nun das Ziel unserer Tour erreicht. Da es weit und breit keinen Bahnanschluss gibt, fahren wir denselben Weg zurück, auf dem sich naturgemäß wieder andere Ausblicke auf die Natur bieten.

Alternativ kann man noch weiter bis zum Freizeithafen von Mittersheim fahren und dort umdrehen, denn nun beginnt der abgeschiedenste Teil des Saarkanals. Die nächsten 13 Kilometer führen weder an Orten noch an bewohnten Häusern vorbei. Stattdessen geht es durch ein riesiges Waldgebiet mit vielen Seen. Die Schleusen sind inzwischen alle automatisiert und daher werden die Schleusenwärterhäuschen nicht mehr von Wärtern bewohnt.

Auf der Fahrt durch die Stille sieht man gefühlt mehr Graureiher als Boote und Radfahrer.

Café du Port in Mittersheim

Nach Schleuse Nr. 11 erreicht man den **Grand Étang de Mittersheim,** an dem man noch etwa 5 Kilometer entlangfährt und immer wieder seine Seitenarme überquert. Am Ende des Sees bei **Mittersheim** liegt ein großer Campingplatz mit Badestrand. Kurz danach erreicht man den **Port de Plaisance de Mittersheim,** den Freizeithafen mit Anlegestellen für Freizeitboote, Duschen und Toiletten, einem Wohnmobilstellplatz und dem **Café du Port ❻,** einem netten Café, in dem man sich zusammen mit anderen Radlern und Hausbooturlaubern mit selbst gebackenem Kuchen, Flammkuchen und Pizza für die Rückfahrt stärken kann.

Man kann die Radtour vom Hafen von Mittersheim weiter am Saarkanal bis ins ca. 45 Kilometer entfernte Sarreguemines (Saargemünd) fortsetzen, das einen Bahnanschluss über Straßburg nach Sarrebourg bietet. Die Strecke ist als Tour 11 (S. 135) in der entgegengesetzten Richtung beschrieben.

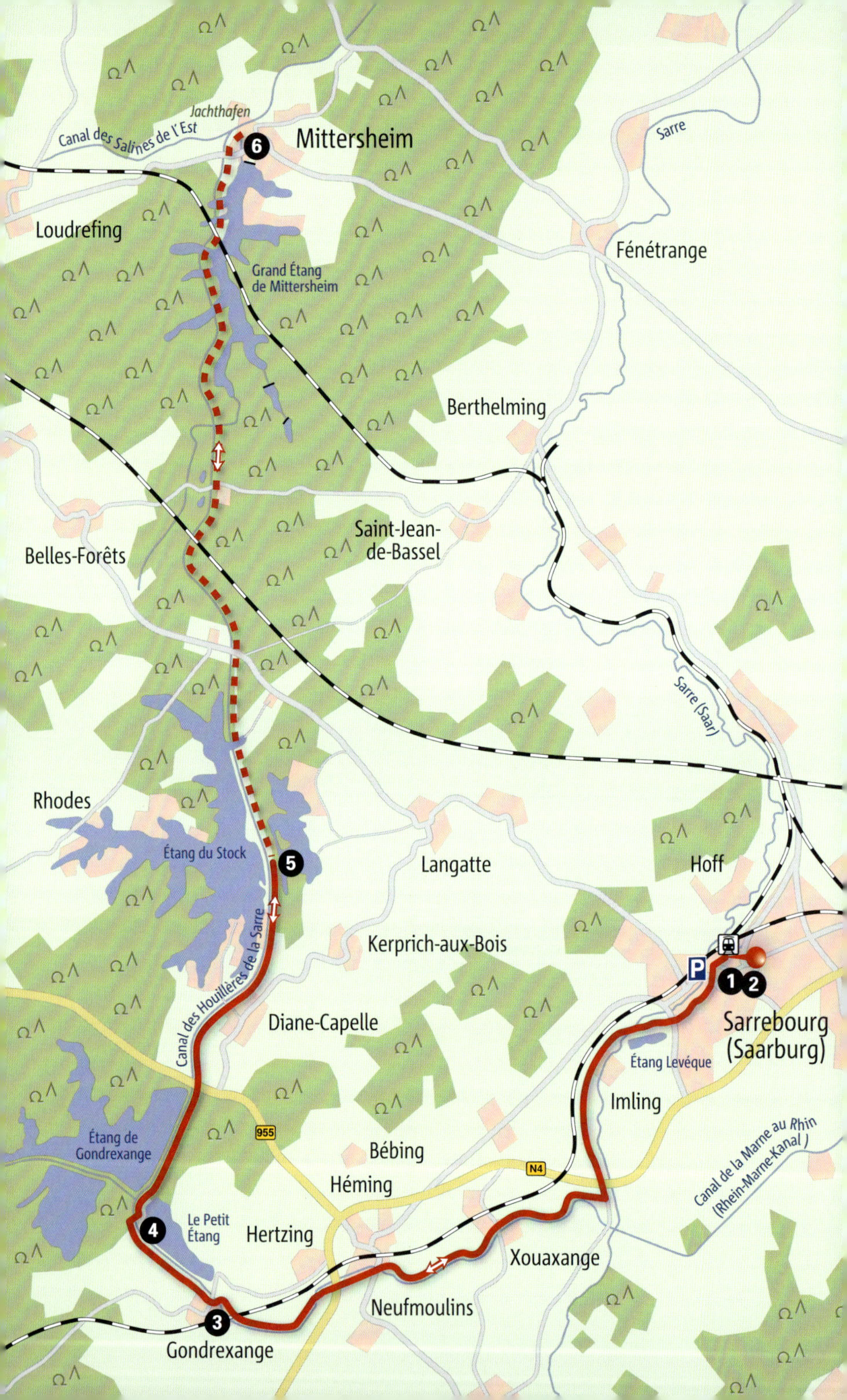

Jachthafen
Canal des Salines de l'Est
6
Mittersheim
Sarre
Loudrefing
Fénétrange
Grand Étang de Mittersheim
Berthelming
Saint-Jean-de-Bassel
Belles-Forêts
Sarre (Saar)
Rhodes
Étang du Stock
5
Langatte
Hoff
Kerprich-aux-Bois
P
1
2
Canal des Houillères de la Sarre
Diane-Capelle
Sarrebourg (Saarburg)
Étang Levéque
Imling
955
Étang de Gondrexange
Bébing
Canal de la Marne au Rhin (Rhein-Marne-Kanal)
N4
Héming
Le Petit Étang
4
Hertzing
Xouaxange
Neufmoulins
3
Gondrexange

Alles auf einen Blick

Entspannung ★★★★★
Genuss ★★☆☆☆
Romantik ★★★★★

WIE & WANN:
Größtenteils asphaltierte Wege, eine steile Treppenbrücke über den Kanal, keine nennenswerten Steigungen, fast komplett autofrei. Ganzjährig gut befahrbar, am schönsten von Frühling bis Herbst.

HIN & WEG:
Auto: Parking Faubourg de France (kostenlos), Avenue de France, 57400 Sarrebourg (GPS: 48.7361, 7.04824)
ÖPNV: Gare de Sarrebourg (TER)

ESSEN & ENTSPANNEN:
Bäckerei L'Ami du Pain ❸ 112 Rue de la Marne, 57815 Gondrexange, Tel. +33 (3) 87 08 03 41

An der Alternativroute empfehlenswert:
Café du Port ❻ Rue du Port, 57930 Mittersheim

ENTDECKEN & ERLEBEN:
Chapelle des Cordeliers ❶ Rue des Cordeliers, 57400 Sarrebourg, Tel. +33 (3) 87 03 14 64
Musée du Pays de Sarrebourg ❷ Rue de la Paix, 57400 Sarrebourg, Tel. +33 (3) 87 08 08 68, www.sarrebourg.fr
Fußgängerbrücke ❹
Kanalbrücke ❺

- 25 Kilometer
- 240 Höhenmeter
- 3 Stunden
- Strecke

Hirsche bei Bourg-Bruche

Vogesenwald

Im waldreichen Bruchetal

Wir beginnen unsere Tour am **Bahnhof Schirmeck – La Broque.** Vom Parkplatz starten wir in südwestlicher Richtung auf der **Place de la Gare,** vorbei an den Parkplätzen neben der Gleisanlage. Sollten wir jedoch zuerst eine Einkehrmöglichkeit suchen, da es auf dieser Tour nur wenige gibt, fahren wir vom Bahnhofsgebäude aus die **Avenue de la Gare** hinunter in das kleine Zentrum von Schirmeck zur **Taverne de la Perle ①,** wo man auch draußen auf der Terrasse sitzen kann.

Von der **Place de la Gare** folgen wir dem Verlauf der Straße, halten uns an der ersten Gabelung rechts und fahren kurz danach rechts auf die **Rue du Donon.** Sie führt uns auf einer Brücke über die Bahnlinie. Unmittelbar danach biegen wir links ab in die **Rue du Repos,** um gleich an der nächsten Gabelung dem Radwegweiser Richtung **Saales** nach links zu folgen, der uns durch La Broque leitet, einen Nachbarort von Schirmeck. Was wie eine einzige Stadt wirkt, sind tatsächlich zwei Orte, deren Grenze der Verlauf der Bruche bildet. Vom nach und nach etwas ansteigenden Weg haben wir einen guten Blick auf das Bruchetal. Schließlich stoßen wir auf die vorfahrtberechtigte **D 261,** auf die wir rechts abbiegen und am nächsten Kreisverkehr links fahren.

Nach etwa 500 Metern überqueren wir die Bruche und die Bahnlinie und erreichen **Rothau.** Nur 30 Meter bevor wir auf die Hauptdurchgangsstraße **D 1420** treffen, biegen wir rechts ab auf einen unscheinbaren geschotterten Radweg Richtung **Saales.** Nach knapp 500 Metern stoßen wir bei einigen Häusern auf eine T-Kreuzung und fahren hier links, um kurz danach

Wer nicht mit dem E-Bike unterwegs ist oder sich das Mittelgebirgstal weniger ambitioniert erarbeiten will, sollte die Tour in Saales beginnen. Es ist gut mit dem Zug erreichbar. Von dort lässt es sich auf nur noch wenigen Steigungen und umso mehr entspannten Talfahrten nach Schirmeck radeln.

*Die moderne Gedenkstätte **Mémorial de l'Alsace-Moselle** am Rand der Stadt Schirmeck zeigt als interaktive Ausstellung eindrucksvoll die deutsch-französische Geschichte der Region seit 1870. Eine weitere Gedenkstätte befindet sich im ehemaligen KZ Natzweiler-Struthof.*

einen Mühlkanal zu überqueren. Dann geht es rechts weiter auf einer Nebenstraße, über die wir nach 250 Metern auf die **D 1420** treffen. Wenige Meter vor der Einmündung führt links eine Rampe für Radfahrer zur Grand' Rue hinauf, die wir an einem Zebrastreifen überqueren. Der Radweg erklimmt nun über eine Serpentine recht steil einen Hang und führt danach oberhalb der Straße weiter.

Nach 300 Metern mündet er in eine kleine Straße, die wir nach wenigen Metern schon wieder nach rechts verlassen. Bald taucht unser Weg in einen schönen Mischwald ein, der sich links des Tals die Berghänge des Bruchetals hochzieht. Auf der Fahrt durch den idyllischen Wald hören wir Vögel zwitschern und kleine Bäche rauschen. Nur selten dringt Verkehrslärm von der Hauptverkehrsstraße zu uns hinauf.

Am Ortsanfang von **Fouday** taucht unser Weg aus dem Waldidyll auf. Rechts des Wegs liegt **La Tablée de mon Enfance ❷,** eines der wenigen Restaurants am Radweg. Wenig später erreichen wir die nette Ortsmitte mit schönen alten Häusern und einer **evangeli-**

Schirmeck

Für die Seele

Auf komfortablen Wegen durch nette Dörfer, über Wiesen und Weiden mit Bäumen und Hecken und durch dichte, märchenhafte Wälder in einer traumhaften Bergwelt.

Art-déco-Haus in Schirmeck

schen Kirche ❸ mit Fresken aus dem 14. Jahrhundert. Auf ihrem Friedhof ruht **Pfarrer Jean Frédéric Oberlin,** der Erfinder des Kindergartens. Den Radwegweiser an der Brücke über die Schirgoutte ignorieren wir und fahren vor bis zur Kreuzung, an der wir rechts auf die **Rue Principale** abbiegen. Kurz vor der **D 1420** fahren wir links auf dem Radweg parallel zur Straße bis zum nächsten Kreisverkehr.

Hier überqueren wir die Straße. Über die vom Kreisverkehr abzweigende Nebenstraße geht es recht steil bergauf und nach drei einzeln stehenden Häusern links auf einem Radweg in den Wald. Nach einer Barriere führt uns ein Forstweg wieder hinunter zur Talsohle. Wir erreichen **Poutay,** überqueren die Bruche und durchfahren die kleine Streusiedlung **St-Blaise.** Vor der Bahnlinie zweigt rechts ein neu angelegter Radweg ab.

Bald danach biegen wir wieder rechts ab und radeln auf dem neuen Fahrradweg über eine saftig grüne Wiese, vor uns die bewaldeten Berge der Vogesen. Die Radwegweiser führen uns schließlich zu der schmalen, kaum befahrenen Straße **D 350**, auf der wir das Tal der Bruche kurzzeitig verlassen und durch ein Waldgebiet fahren.

Nach 1,7 Kilometern biegen wir an einer Kreuzung links ab auf die **Rue de la Besse.** Das Verkehrsschild mit dem Schneekettensymbol lässt ahnen, dass es hinauf in die Berge geht. Dem ist auch so, allerdings erreichen wir die höchste Stelle schon nach weniger als 1 Kilometer, wo wir die **D 424** überqueren, die hinauf in die Vogesen führt.

Der Blick von hier oben auf das schöne Vallée de Bruche gegenüber, in das wir jetzt wieder fahren, hat den Anstieg gelohnt. Wir radeln entspannt nach **Saulxures,** wo gleich am Ortsanfang das **Restaurant La Belle-**

Radweg im Bruchetal südlich von Rothau

Bruchetal bei Saulxures

Vue ❹ mit schöner Terrasse mittags und abends auf Gäste wartet. An der nächsten Abzweigung fahren wir rechts hinauf und halten uns gleich danach links direkt auf die Kirche zu, an der wir rechts vorbeifahren.

Am Ortsende steigt der Weg wieder kurz steil bergan. Aber auch hier wird die Mühe wieder mit einem wunderschönen Blick auf die bewaldeten Berge der Vogesen belohnt. Der folgende Abschnitt über blühende Wiesen, vorbei an alten Bäumen und Wäldern ist sicherlich landschaftlich einer der schönsten unserer Tour. Ohne jegliche Zivilisationsgeräusche sind wir hier vollkommen entspannt unterwegs und genießen die Abgeschiedenheit.

Wir erreichen **Bourg,** wo wir uns an der ersten Gabelung links halten. Wir radeln durch das nette Dorf mit seinen verstreuten Häusern und folgen den Radwegweisern. Es geht wieder steil bergab auf **Bourg-Bruche** zu, das unten an der Bruche liegt. Hier kreuzen wir die **D 1420** und unterqueren die Bahnlinie, hinter der wir rechts abbiegen.

Radweg bei Saulxures

Das winterliche Verkehrsschild für Schneekettenpflicht lässt einen letzten Anstieg erahnen. Vorher fahren wir an der noch winzigen Bruche entlang und an einem Wildgehege mit prächtigen Hirschen vorbei. Dort unterqueren wir wieder die Bahnlinie, hinter der wir rechts abbiegen. Am Ende der Straße geht es kurz rechts, wo wir auf die **D 1420** treffen und links abbiegen. Von der Brücke über die Gleise sehen wir links schon den Bahnhof von **Saales,** von dem aus wir nach Schirmeck zurückfahren können.

Hinter einer Verkehrsinsel und einem Zebrastreifen biegt links die **Rue de la Clairie** zur **Gare de Saales** ab. Sie führt am kleinen Stadtpark mit hohen alten Bäumen entlang, wo man entspannt auf den Zug warten kann. Der Ort Saales hat außer seiner Lage in wunderschöner Landschaft wenig zu bieten. An der Abzweigung zum Bahnhof gibt es einen kleinen Gemischtwarenladen (Coccinelle Express) und in der Ortsmitte in der Nähe vom Rathaus (Mairie) das **Café Restaurant de l'Hotel de Ville ⑤,** das wochentags nur mittags und an Wochenenden auch abends geöffnet hat. Boulangerie und Boucherie haben leider aufgegeben.

*Zugverbindungen lassen sich mit verschiedenen **Apps** mit dem Smartphone finden. Man kann damit auch das Ticket kaufen, das als QR-Code auf das Handy geladen wird, den man dann dem Kontrolleur zeigt. Kein Stress mit fremden Ticketautomaten.*

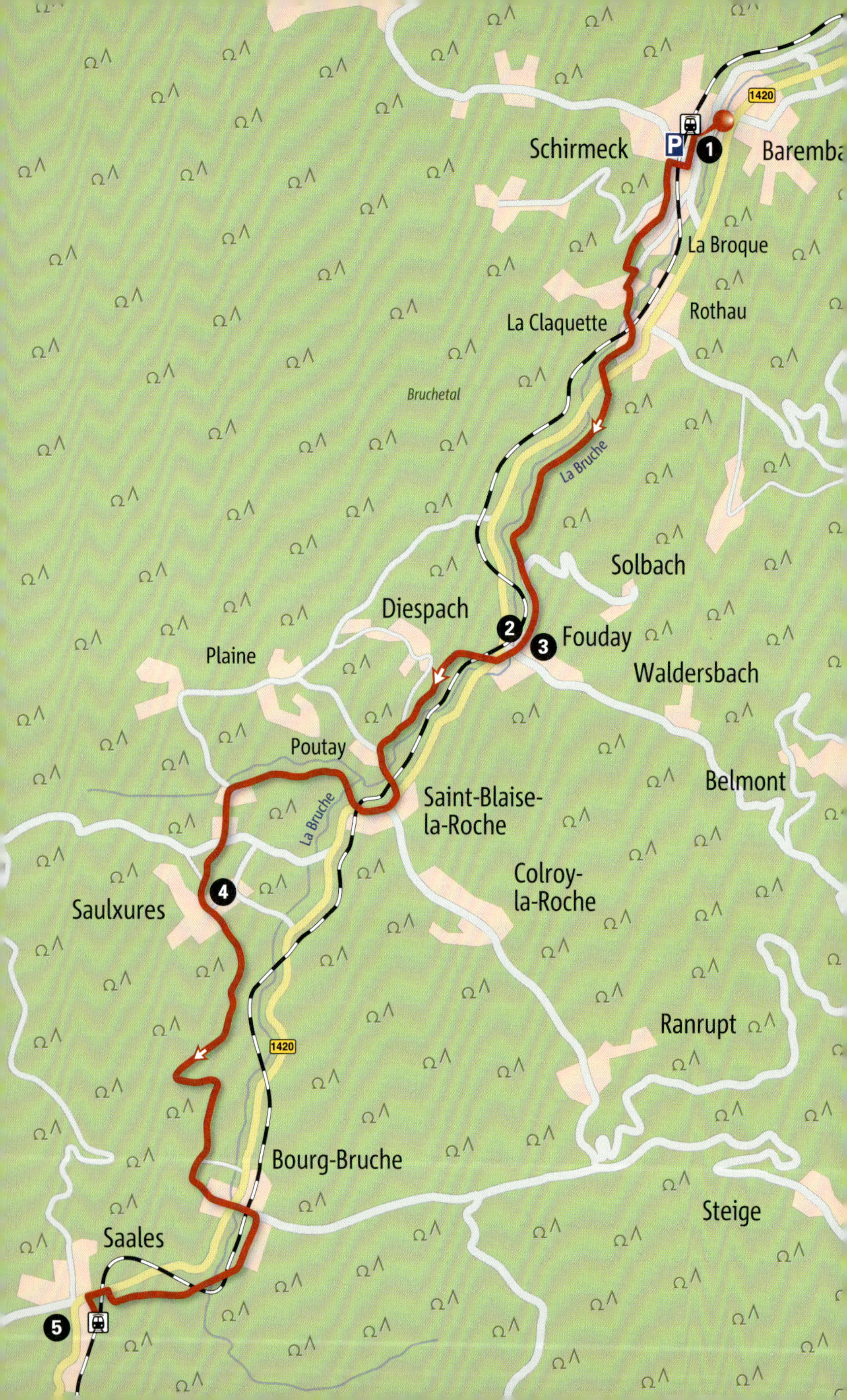

1420
Schirmeck
1
Baremba
La Broque
Rothau
La Claquette
Bruchetal
La Bruche
Solbach
Diespach
2
3
Fouday
Plaine
Waldersbach
Poutay
Saint-Blaise-
la-Roche
Belmont
La Bruche
4
Saulxures
Colroy-
la-Roche
Ranrupt
1420
Bourg-Bruche
Steige
Saales
5

Alles auf einen Blick

Entspannung ✱✱✱✱✱
Genuss ✱✱✱✱✱
Romantik ✱✱✱✱✱

WIE & WANN:
Größtenteils gut asphaltierte Radwege, wenig kaum befahrene Straßen, sehr gut ausgeschildert, insgesamt ansteigend mit einigen kurzen steilen Anstiegen. Ideal für E-Bike. Gut fahrbar von Frühling bis Herbst.

HIN & WEG:
Auto: Parkplatz am Bahnhof Schirmeck – La Broque, 1 Place de la Gare, 67130 Schirmeck (GPS: 48.47912, 7.21537)
ÖPNV: Gare de Schirmeck – La Broque (TER), günstige Bahnverbindung von Saales zurück nach Schirmeck – La Broque

ESSEN & ENTSPANNEN:
La Taverne de la Perle ❶ 131 Grand' Rue, 67130 Schirmeck, Tel. +33 (3) 88 19 92 20, www.latavernedelaperle.fr
La Tablée de mon Enfance ❷ 60 Rue Principale, 67130 Fouday, Tel. +33 (3) 88 97 30 21
Restaurant La Belle-Vue ❹ 36 Rue Principale, 67420 Saulxures, Tel. +33 (3) 88 19 96 99, www.la-belle-vue.fr
Café Restaurant de l'Hôtel de Ville ❺ 29 Grand' Rue, 67420 Saales, Tel. +33 (3) 88 99 85 66

ENTDECKEN & ERLEBEN:
Evangelische Kirche von Fouday ❸ 68 Chemin du Trouchy, 67130 Fouday

Blick auf Turckheim und das Münstertal

- 27 Kilometer (53 Kilometer)
- 345 Höhenmeter
- 4 Stunden (5 Stunden)
- Strecke (hin und zurück)

Reb- und Berghänge

Von Turckheim ins Münstertal

In **Turckheim** am Eingang des Tals starten wir unsere Tour ins Vallée de Munster, auch Fechttal genannt. Über Colmar ist Turckheim gut mit der Bahn zu erreichen. Wir starten am **Bahnhof,** denn direkt nebenan gibt es einen kostenlosen Pkw-Parkplatz, einen Wohnmobilstellplatz und einen schönen Campingplatz. Wir radeln auf dem Radweg über den **Quai de la Gare** an der Fecht entlang flussaufwärts bis zur Kreuzung am Ende des Campingplatzes. Hier biegen wir links ab. Radwegweiser suchen wir hier noch vergebens, da wir zuerst den beschilderten Radweg ins Münstertal erreichen müssen, der auf der südlichen Talseite verläuft.

Storchennest auf steinernem Kruzifix

An der nächsten Gabelung mit einem steinernen Kruzifix, auf dem sich ein Storch samt Nest häuslich niedergelassen hat, fahren wir links in eine Nebenstraße. Gleich an der nächsten Abzweigung biegen wir rechts ab und folgen dem Verlauf des Wegs, auf dem wir bald die eingleisige Bahnlinie überqueren, die wir beim Blick nach rechts über Weinfelder hinweg deutlich erkennen. An der folgenden T-Kreuzung biegen wir auf einen asphaltierten Weg rechts ab und fahren weiter, umgeben von Weinstöcken. An der nächsten Gabelung, wo der

Asphaltweg rechts abknickt, geht es geradeaus auf einem geschotterten Weg mit einem Sackgassenschild weiter. Wir umfahren eine Schranke, die der Grund für das Schild Sackgasse zu sein scheint, und treffen auf die verkehrsreiche Landstraße **D 417,** die von Colmar kommt und durch das Münstertal zum Col de la Schlucht in den Vogesen führt. Bis Munster werden wir sie immer wieder tangieren.

Wir warten einen günstigen Zeitpunkt ab, um links auf die Straße abzubiegen und sie nach 70 Metern wieder rechts über einen Trampelpfad verlassen zu können. Schon nach wenigen Metern erreichen wir die Zufahrtstraße zu einem Gartencenter, auf der wir geradeaus bis zu einem Stoppschild fahren. Hier biegen wir rechts ab und befinden uns nun auf dem offiziellen Radweg ins Münstertal.

Auf der breiten ehemaligen Hauptstraße ohne Verkehr fahren wir an einer landwirtschaftlichen Schule entlang, zu der auch das Gartencenter gehört. Nach 1 Kilometer biegen wir bei einer Gruppe Häuser schräg links auf den asphaltierten Radweg Richtung **Munster** ab. Wir folgen dem Weg entlang der Bahnstrecke. Er führt bald durch Wald, bis er nach einer Rechtskurve den Wald verlässt und dicht am Bahndamm verläuft.

Bei einem Bahnübergang biegen wir schräg links ab und kommen an einem Rastplatz mit mehreren Picknickbänken vorbei. Schon tauchen wir wieder in schönen Mischwald ein, der sich links des Tals die Berghänge hinaufzieht. Bei einem Forsthaus am Waldrand folgen wir dem Radwegsymbol und biegen rechts ab.

Nach etwa 1 Kilometer führt der Weg nach rechts zur Bahnlinie hinunter, an der er nach links weiterführt. Auf einem 1,4 Kilometer langen baumlosen Abschnitt haben wir einen wunderbaren Blick auf die bewaldeten Berge, die das Münstertal rechts und links begrenzen.

Am Bahnhof **Wihr-au-Val – Soultzbach** entfernt sich der Radweg von der Bahnlinie, aber es gibt einen Fuß-

Für die Seele

Von den Rebhängen der elsässischen Weinstraße durch Wälder, malerische Dörfer und Städtchen mit verlockenden Einkehrmöglichkeiten hinauf in die idyllische Bergwelt.

Radweg im Münstertal

gängerübergang über die Gleise. Als Radfahrer muss man absteigen. Wenn man die Gleise überquert und an der gegenüber verlaufenden Straße **D 417** auf dem Gehweg 80 Meter nach links geht, erreicht man **La Nouvelle Auberge ❶** mit einem mittags geöffneten Bistrot und einem hochpreisigen Gourmetrestaurant, das nur zum Dinner lädt.

Restaurant Ô Lavoir, Soultzbach-les-Bains

Zurück auf dem Radweg radeln wir bis zur vorfahrtberechtigten **D 43,** auf die wir links abbiegen und nach 900 Metern das zauberhafte, winzige Städtchen **Soultzbach-les-Bains** erreichen. Den Zusatz „les Bains" hat der 730 Einwohner zählende Ort Heilquellen zu verdanken, die 1607 entdeckt wurden. Der Badebetrieb ist jedoch eingestellt. Der kleine mittelalterliche Ort, ursprünglich mit einer Stadtmauer bewehrt, hat seine malerischen engen Gassen bewahrt.

Über die **Rue des Bains** links vom Rathaus (Mairie) bergauf kommt man zum **Ô Lavoir ❷,** einem zauberhaften kleinen Lokal am Krebsbach, wo sich einst das Waschhaus befand. Bis in die 1970er-Jahre diente es den Bewohnern als Treffpunkt.

Wir verlassen die Altstadt über die **Rue de Munster,** die am Rathaus beginnt und der wir bis zum Bahnübergang folgen, ohne ihn zu überqueren. Stattdessen biegen wir unmittelbar davor links ab auf den Radweg am Waldrand.

In **Griesbach-au-Val** biegen wir bei einem Kriegerdenkmal vor einem blauen Haus rechts ab, fahren 150

Meter die Straße hinunter, um dort an der Kreuzung scharf links Richtung Munster abzubiegen. Man kann aber auch zuerst geradeaus fahren und einen Abstecher auf die andere Seite des Tals machen. In **Gunsbach** steht die **Maison Albert Schweitzer ❸,** das Wohnhaus von Albert Schweitzer mit Museum. Ganz in der Nähe bietet **La Maison du Fromage ❹** Einblicke in die Herstellung des berühmten Käses, der den Namen des Tals und seines Hauptorts Munster trägt.

Zurück auf dem Radweg fahren wir der Beschilderung folgend weiter Richtung **Munster.** Vor einer Bahnunterführung geht es links Richtung **Centre Ville,** die Stadtmitte von Munster. Ab hier folgen wir der Bahnlinie bis zu einem Stoppschild. Hier führt unser Radweg geradeaus weiter, während wir rechts die Bahnlinie unterqueren, um bei einem kurzen Abstecher das Zentrum von **Munster** kennenzulernen.

Kulinarisch lohnt sich eine Einkehr in der **Winstub S'Stewla ❺** und im **L´Olivier ❻.** Oder man trinkt im Straßencafé an der **Place du Marché** etwas, mit der beeindruckenden neoromanischen Kirche im Blick. Den Platz beherrscht das leider etwas heruntergekommene **Palais Abbatial.** Südlich befinden sich die kläglichen, aber

*In der **Maison du Fromage** geht es um den Munsterkäse, dessen Herkunft seit 1969 geschützt ist. Eine Multimediashow bringt Besuchern Herkunft und Herstellung des würzigen Käses näher. Zweimal täglich gibt es eine Präsentation. Im Verkaufsraum kann man Munster probieren.*

Münstertal

Munster, Place du Marché

trotzdem malerischen Überreste der 660 von Benediktinern gegründeten **Sankt-Gregorius-Abtei.** Sie erfanden damals den heute noch berühmten Munsterkäse.

Wir setzen die Fahrt auf dem Radweg Richtung **Metzeral** fort. An einer halb verfallenen Wassermühle biegen wir rechts ab, um die Fecht zu überqueren und danach gleich wieder links abzubiegen. Wir folgen dem Verlauf des **Chemin de Nagelstall.** Am Ortsende biegen wir dann der Beschilderung folgend scharf links ab. Es geht weiter über grüne Wiesen bis zu einem Stoppschild und dort geradeaus Richtung **Mittlach.**

An einer T-Kreuzung überqueren wir nach links abbiegend die Fecht auf einer alten Sandsteinbrücke und fahren links an der Zufahrt zum Campingplatz **Les Amis de la Nature** vorbei. An der folgenden Abzweigung biegen wir rechts ab und kommen bald noch einmal am Campingplatz der Naturfreunde vorbei, der keinen passenderen Namen haben könnte.

Wir fahren kurz durch Wald und danach durch einen Hain mit schönen alten Nussbäumen, bevor wir **Breitenbach** erreichen. Wir folgen der Radwegmarkierung durch den Ort, um schließlich an einem Kreisverkehr links abzubiegen. Auf dieser kaum befahrenen Straße bleiben wir bis **Muhlbach-sur-Munster.** Beim Bahnübergang vor dem Bahnhof überqueren wir die Bahnlinie noch nicht und bleiben zunächst auf der linken Seite der Gleise. Am nächsten Bahnübergang wechseln wir dann die Seite und fahren dort weiter an der Bahnlinie entlang.

Klosterruine in Munster

Der Weg führt uns am Mineralbrunnen **Source de Valon** vorbei, einer Fabrikanlage auf der grünen Wiese. Wir fahren weiter durch grüne Natur, bis unvermittelt **Metzeral** vor uns auftaucht, wo wir rechts abbiegen, um die **D 10** zu überqueren. Wir folgen dem Verlauf der **Rue du Hohneck,** kommen so auf die **Rue du Braun** und erreichen schließlich eine T-Kreuzung, von der wir auf die Dächer von Metzeral schauen können.

Biegen wir hier links ab, erreichen wir bald die **Gare de Metzeral,** die Endstation der Bahnlinie, über die man nach Turckheim oder nach Colmar zurückfahren kann. In der Ortsmitte liegt das nette Hotel-Restaurant **Le Soleil d´Or ❼.** Unsere Tour führt aber noch durch ein landschaftlich äußerst schönes Stück weiter, das wir nicht verpassen wollen. Deshalb biegen wir nach rechts ab und folgen dem Verlauf der Straße, an der die Häuser des Straßendorfs liegen. Hier kommen wir am einladenden **Hôtel Aux Deux Clefs** mit dem feinem **Restaurant Les Clarines d´Argent ❽** vorbei. Wir folgen weiter der Straße, an der sich Bauernhöfe aufreihen. Der vorletzte Hof auf der linken Seite bietet in

Wer mit dem E-Bike unterwegs ist, wird die konstante leichte Steigung nicht als Anstrengung wahrnehmen. Wer ohne Unterstützung unterwegs ist, kann mit der Bahn bis Metzeral fahren, die letzten 5 Kilometer teils bergauf fahren und die gesamte Strecke zurück bergab radeln.

Hotel-Restaurant Valneige in Mittlach

einem Hofladen Milchprodukte, vielleicht eine Gelegenheit zum Munsterkäsekauf.

Schließlich stoßen wir an einer T-Kreuzung auf die **D 10.6,** auf die wir nach rechts abbiegen. Auf der kleinen Landstraße fahren wir durch das malerische Tal der Fecht, eingebettet in traumhafte Berglandschaft. Alte Nussbäume und knorrige Eichen begleiten uns auf dem Weg bis nach **Mittlach,** wo das Tal zu enden scheint. Das **Hotel-Restaurant Le Valneige** ❾ bietet in dem kleinen Dorf die letzte Einkehrmöglichkeit und ist ein passender Ort, um nach einer Einkehr die Rückfahrt anzutreten.

Tatsächlich kann man noch weiter in die immer einsamere Bergwelt der Vogesen fahren. Wenn man sich beim Valneige links hält, führt die kleine Straße hinter Mittlach bergauf durch eine **Klamm.** An deren Ende im **Chemin de Camping** wartet noch ein Rastplatz mit Picknickbank in imposanter Berglandschaft, eingerahmt von einer Gruppe ebenso imposanter alter Nadelbäume. Es gibt sicher keinen schöneren Ort, vor der Rückfahrt seine Brotzeit auszupacken.

Die Fahrt zurück, bei der es fast ständig leicht bergab geht, ist ein wahres Vergnügen. Wir bleiben jetzt auf der **D 10.6,** der Rue de Mittlach und direkten Verbindung nach **Mittlach,** und fahren bis ins Zentrum mit dem **Le Soleil d´Or,** hinter dem es rechts zum Bahnhof geht. Die Rückfahrt mit der Bahn können wir uns eigentlich sparen, da wir für den Rückweg nach Turckheim dank des Gefälles höchstens 1 Stunde brauchen. Wir fahren dazu weiter auf der Durchgangsstraße durch Metzeral und biegen am Ortsende von der **D 10** rechts ab auf den Radweg, wo wir bei der Hinfahrt die Straße überquert haben. Ab hier radeln wir dann auf derselben **Véloroute des Vosges au Rhin** zurück Richtung Colmar, wie wir gekommen sind, wobei wir uns den Schlenker nach Soultzbach-les-Bains sparen. Nach der **landwirtschaftlichen Schule** fahren wir links nach Turckheim zurück.

Wer nicht in **Turckheim** übernachtet, sollte vor der Abreise unbedingt die historische Altstadt besuchen. Sie ist bildhübsch und hat sich ihre Ursprünglichkeit bewahren können, da sie nicht so überlaufen ist wie manch anderer Ort an der Weinstraße.

Von der Stadtmauer um die Freie Reichsstadt von ***Turckheim*** *sind noch drei Stadttore erhalten. Den Marktplatz und die Grand' Rue säumen viele behutsam sanierte Gebäude aus dem 16. und 17. Jahrhundert.*

Le Valtin
Labaroche
Ingersheim
La Fecht
N83
Turckheim
Zimmerbach
417
Walbach
Wintzenheim
Colmar
Münstertal (La Vallée de Munster)/
Fechttal
Gunsbach
Wihr-au-Val
La Petite Fecht
La Fecht
Munster
Luttenbach
Soultzbach-
les-Baines
35
Griesbach-
au-Val
Eschbach-
au-Val
Metzeral
Breiten-
bach
Mittlach
Sondernach
La Grande Fecht
La Fecht
Rouffach
Lautenbach-Zell

Alles auf einen Blick

Entspannung ★★☆☆☆
Genuss ★★★★★
Romantik ★★★★★

WIE & WANN:
Größtenteils gut asphaltierte Radwege und wenig befahrene Straßen, sehr gut ausgeschildert, laufend leicht ansteigend, wenige kurze, steile Anstiege. Ideal für E-Bike. Gut fahrbar von Frühling bis Herbst.

HIN & WEG:
Auto: Parkplatz am Bahnhof, Quai de la Gare, 68230 Turckheim (GPS: 48.08567, 7.27895)
ÖPNV: Gare de Turckheim (TER)

ESSEN & ENTSPANNEN:
La Nouvelle Auberge ❶ 9 N Route Nationale, 68230 Wihr-au-Val,
Tel. +33 (3) 89 71 07 70, www.nauberge.com
Ô Lavoir ❷ 5 Rue des Bains, 68230 Soultzbach-les-Bains,
Tel. +33 (3) 89 86 10 95, www.olavoir.fr
Winstub S´Stewla ❺ 3 Rue Alfred Hartmann, 68140 Munster,
Tel. +33 (3) 89 77 46 22, www.winstub-stewla.fr
L´Olivier ❻ 2 Rue St Grégoire, 68140 Munster,
Tel. +33 (3) 89 77 34 08, www.lolivier-munster.com
Le Soleil d´Or ❼ 3 Place de la Mairie, 68380 Metzeral,
Tel. +33 (3) 89 77 42 15, www.lesoleildor.alsace
Les Clarines d´Argent ❽ 12 Rue de l´Altenhof, 68380 Metzeral,
Tel. +33 (3) 89 77 61 48, www.aux-deux-clefs.com
Hotel-Restaurant Le Valneige ❾ 21 Rue Principale, 68380 Mittlach,
Tel. +33 (3) 89 30 59 44, www.hotelrestaurantvalneige.fr

ENTDECKEN & ERLEBEN:
Maison Albert Schweitzer ❸ 8 Rue de Munster, 68140 Gunsbach,
Tel. +33 (3) 89 77 31 42, www.schweitzer.org
Maison du Fromage ❹ 23 Rue de Munster, 68140 Gunsbach,
Tel. +33 (3) 89 77 90 00, www.maisondufromage-munster.com

Burgruine Château de Lutzelbourg

- 38 Kilometer
- 130 Höhenmeter
- 4 Stunden
- Strecke

Wenn wir mit der Bahn in **Sarrebourg** (Saarburg) ankommen, radeln wir vom Bahnhofsgebäude ganz rechts zur **Rue de l'Europe.** Vor der Saar beschreibt die Straße eine Linkskurve und trifft auf die Hauptverkehrsstraße **Avenue Poincare.** Hier halten wir uns rechts, bis wir nach ca. 100 Metern auf die Rechtsabzweigung zum **Parking Faubourg de France** treffen. Hier gibt es einen Fußgängerüberweg, über den wir die Räder auf die andere Straßenseite schieben können. Kommt man mit den Rädern vom Parkdeck, sollte man sie wegen der Einbahnstraßenregelung der Einfachheit halber durch die Zufahrtstraße bis hierher schieben.

Die Radstrecke erreicht über dem 2,3 Kilometer langen Arzviller-Eisenbahntunnel mit 324 Metern über NN den höchsten Punkt und in Saverne mit 193 Metern den tiefsten. Um beim Rückweg nach Sarrebourg 130 Höhenmeter zu sparen, empfiehlt sich die bequeme Fahrt mit der Bahn.

Wir fahren nun links über die Brücke Richtung **Hôtel de Ville.** Wenn wir Saarbourg noch nicht kennen,

Wasser und Fels

Am Kanal durch den Vogesenkamm

sollten wir hier zunächst geradeaus an der Markthalle vorbei zur **Place du Marché** radeln und von dort aus die **Chapelle des Cordeliers** ❶ mit den berühmten Chagallfenstern und vielleicht auch das **Musée du Pays de Sarrebourg** ❷ besichtigen (S. 35, Tour 3). Die Wegbeschreibung durch Sarrebourg bis zur Schnellstraße N 4 ist mit Tour 3 identisch.

Musée du Pays de Sarrebourg

Unser Radweg führt direkt hinter der Brücke über die Saar rechts ab, folgt ein kurzes Stück dem **Quai Jean XXIII,** biegt gleich danach schräg rechts in die **Allée des Aulnes** ab und dann geht es weiter an der Saar entlang. Wir folgen der Radwegbeschilderung und gelangen schließlich zum Badesee **Étang de Lévêque,** an dem wir rechts weiterfahren. Am Ende des Sees überqueren wir rechts über eine Brücke die Saar. Sofort danach biegen wir auf einen Radweg links ab, der entlang einer Bahnlinie an **Imling** vorbeiführt. An einer roten Absperrung überqueren wir eine Straße und fahren danach geradeaus weiter auf einem Radweg parallel zur **D 42.**

Wenig später unterqueren wir unter einer breiten Brücke die vierspurige Schnellstraße **N 4** und radeln geradeaus, bis sich der Radweg gabelt. Geradeaus unterquert er zwischen Saar und Straße die Kanalbrücke des **Canal de la Marne au Rhin,** dessen Verlauf wir bis Saverne folgen. Der Weg nach links, den wir hier nehmen, führt uns zuerst über die Saar und dann leicht ansteigend hinauf zum Kanal. Hier fahren wir weiter

Die Saar in Sarrebourg

Radwegbrücke bei Hesse

Für die Seele

Entspannte Fahrt zwischen historischen Städten durch ländliche Idylle. Ihr Höhepunkt ist das spektakuläre Vogesental mit seinen Schleusenkaskaden.

parallel zum Wasserweg bis zu einem Stoppschild und später an einer Bootswerft vorbei.

Wir befinden uns auf der Trasse einer ehemaligen Bahnlinie, die früher in Sarrebourg von der heute noch aktiven Bahnstrecke abzweigte. Auf der alten Eisenbahnbrücke überqueren wir den Kanal, verlassen die **Voie Verte,** wie die Bahntrassenradwege in Frankreich heißen, schon an der ersten Kreuzung nach links und biegen dann vor der Brücke über den Kanal rechts auf eine kleine asphaltierte Straße ab.

Die kleine, kaum befahrene Straße führt uns durch eine schöne, sanft hügelige Landschaft. Nach gut 2 Kilometern treffen wir wieder auf den Rhein-Marne-Kanal, an dem wir bis **Schneckenbusch** entlangfahren.

Hier folgen wir dem Verlauf der Straße und biegen vor der Kirche links auf die **D 96 A** ab, über die wir **Niderviller** erreichen.

Am Kreisverkehr geht es geradeaus in die Ortsmitte, wo wir auf die frisch sanierten unter Denkmalschutz stehenden Gebäude der **Faïencerie de Niderviller ❸** stoßen. Sie wurde 1735 gegründet und war die erste Manufaktur in Frankreich, die Handelsporzellan herstellte. Heute gehört sie zur Gruppe Les Jolies Céramiques. Auf dem teils offen zugänglichen Gelände stehen zwei interessante, flaschenförmige Brennöfen. Eines der historischen Gebäude beherbergt heute das schicke, moderne **Restaurant M ❹.**

Faïencerie de Niderviller, historischer Brennofen

Hinter dem Restaurant geht es links auf die **D 45** und an der nächsten Abzweigung rechts in die **Rue de la Tuilerie.** Wir folgen der Radwegbeschilderung und verlassen den Ort. Nach der Gabelung, an der wir uns links halten, schlängelt sich die kleine Straße durch Wiesen und Pferdekoppeln. Nach gut 600 Metern dürfen wir die leicht zu übersehende Rechtsabzweigung, ausgeschildert mit Auberge Altenburger, nicht verpassen. Nach zwei scharfen Kurven führt der Weg durch einen Wald weiter. Nach gut 300 Metern erreichen wir nach einer leichten Linkskurve eine lichte Stelle. Hier verläuft links unten in einem tiefen künstlichen Geländeeinschnitt der Rhein-Marne-Kanal, der hier durch den **Niderviller-Tunnel ❺** verläuft.

Nach knapp 500 Metern kommen wir an der Tunnelausfahrt vorbei und kurz danach zum beliebten

Ausflugsrestaurant **Auberge Altenburger** ❻, idyllisch im Grünen gelegen. Etwa 700 Meter können wir wieder auf den Kanal hinunterschauen, der ab hier gemeinsam mit der Bahnlinie Sarrebourg–Saverne in den 2,3 Kilometer langen **Tunnel von Arzviller** ❼ eintritt. Die kleine Straße zieht sich nun geradeaus den Berg hinauf. Auf dem höchsten Punkt geht es rechts auf die D 97, die mit einigen Kurven hinunter nach **Arzviller** führt. Unten im Tal müssen wir scharf links auf die D 98 Richtung **Lutzelbourg** abbiegen.

Tunnel von Niderviller

Die Straße führt weiter bergab. Kurz nach dem Ortsende trifft sie an der Tunnelausfahrt, die man hier gut sehen kann, wieder auf den Kanal. Kurz danach überqueren wir den neuen Abschnitt des Kanals, der hier vom alten Kanalverlauf abzweigt und die Zufahrt zum **Schiffshebewerk Saint-Louis/Arzviller** bildet. Seit 1969 erspart dieses technische Meisterwerk den Schiffern die Schleusentreppe aus 18 Schleusen auf 4 Kilometern. Bei der Durchquerung der Vogesenkette mussten Schiffe auf dem Weg hinunter ins Tal der Zorn einen Höhenunterschied von 45 Metern überbrücken. Die Fahrt mit dem Schiffshebewerk dauert weniger als eine halbe Stunde, die Zeitersparnis beträgt etwa einen Tag.

Am alten Kanal mit seinen Schleusen entlang führt unser Radweg durch das dramatisch schöne **Vallée des Éclusiers,** das Tal der Schleusenwärter. Gleich zu unserer Linken nach der Kanalabzweigung sehen wir die Schleuse 1. 100 Meter weiter biegen wir von der Straße nach links zum Kanalufer ab. An Schleuse 2 hat

Mit dem Bau des Canal de la Marne au Rhin wurde 1838 begonnen. Erst ab 1853 war die ***Schleusentreppe Arzviller*** *mit ihren 18 Schleusen funktionsfähig. Ihr Bau in dem engen Tal war extrem schwierig.*

Tunnel von Arzviller

sich im alten Schleusenwärterhäuschen die nette **Café Crêperie Papar Hasard** ⑧ eingerichtet.

Wenig Wasser plätschert über die alten, verrosteten und von Efeu umrankten Schleusentore. Aus dem Kanal sind Feuchtbiotope geworden, von Schilf und Seerosen erobert. Frösche sorgen lauthals für Nachwuchs. Mühsam war der Kanal in den Berghang des engen Tals gehauen worden, über dem sich Felswände türmen, während es auf der anderen Seite beängstigend in die Tiefe geht. Der Weg führt von einer Schleuse zur nächsten, nach jeder Schleusenkammer macht er einen kleinen Absatz nach unten, um eben bis zur nächsten weiterzuführen. Die Häuser, in denen die Schleusenwärter einst mit ihren Familien lebten, sind auch heute noch bewohnt. Spektakulärer und gleichzeitig romantischer ist kaum vorstellbar.

So radeln wir durch die beeindruckende Szenerie von einer Schleuse zur nächsten. An der engsten Stelle überquert eine Eisenbahnbrücke eine Schleuse. Wenig später leitet uns der Radweg auf einen Steg, der ab hier durch den Kanal verläuft, und wir fahren wie einst die

Schiffe durch die Schleuse. Vor **Schleuse 16** endet der Steg und leitet uns zurück auf den alten Treidelpfad. Wenig später nähert sich der neue Kanal von rechts von der Talstation des **Schiffhebewerks,** das wir von hier aus nicht sehen können. An der Mündung in den alten Kanal wechseln wir über eine Brücke auf die linke Seite.

Rechts vom Kanal und immer parallel dazu verläuft die Zorn, die dem Tal den Namen gab. Hinter **Schleuse 20** taucht vor uns auf einer Bergnase die aus rotem Sandstein geformte Kulisse der Burgruine des **Château de Lutzelbourg** ⑨ auf. In einer Linkskurve liegen die Schiffe der Urlauber vertäut, darüber die Ruine der Lützelburg, ein malerischer Anblick für uns vom Fahrradweg aus.

Wir erreichen **Lutzelbourg,** dessen Häuser sich im Tal um den Kanal schmiegen. Überall am Wasser liegen Hausboote und verströmen eine wohlige Urlaubsatmosphäre. Im Zentrum gibt es einige bei den

Café Crêperie Papar Hasard

Vallee des Éclusiers, ehemalige Schleuse

Der Straßburger Fürstbischof Louis René Édouard de Rohan-Guéméné ließ 1780–1790 das klassizistische ***Château des Rohans*** *anstelle eines Vorgängerbaus errichten. Mit Beginn der Revolution endeten die Bauarbeiten – nur das Äußere war fertig.*

Urlaubern beliebte Restaurants. Im **Hôtel Restaurant des Vosges** ⑩ kann man von der Terrasse über der Zorn wunderbar das herrliche Panorama genießen.

Wir wechseln über die Brücke auf die andere Kanalseite. Bald verlässt unser Weg am Kanalufer den Ort und wir fahren durch das enge, unbebaute Tal der Zorn mit seinen dicht bewaldeten Berghängen. Schließlich erreichen wir die ersten Häuser von **Saverne.** Der Kanal macht eine Kurve und wir sehen die pittoreske Kulisse der **Altstadt** über dem Wasser vor uns. Unvermittelt stehen wir an einer Schleuse inmitten des historischen Zentrums. Restaurants haben ihre Tische und Stühle bis an die Schleusenkammer herangeschoben.

Wir sind am Ziel angekommen. Links die Grand´ Rue hinunter erreicht man schnell den **Bahnhof.** Zuvor sollten wir die Fahrräder an der Place du Génerale de Gaulle abstellen und die überschaubare Altstadt zu Fuß erkunden. Blickfang am Platzende ist das prächtige **Château des Rohans ⑪,** das elsässische Versailles. Nachdem es bis 1944 lange als Kaserne gedient hatte, beherbergt es heute eine Jugendherberge, ein Kulturzentrum und ein Museum zum kulturhistorischen Erbe von Saverne. Dahinter erstreckt sich der Jachthafen. Oberhalb des Palasts liegen das **Château d'Oberhof** und die gotische Kirche **Notre-Dame-de-la-Nativité** mit romanischem Turm und schönen Glasfenstern aus dem 15. und 16. Jahrhundert.

Grand' Rue, Saverne

In der **Grand' Rue** sticht unter den schönen alten Gebäuden vor allem die **Maison Katz** hervor, ein prächtiger Fachwerkbau mit schönen Schnitzereien von 1605. Heute residiert hier das Restaurant **Taverne Katz ⑫.** In den Tiefen eines Gewölbekellers zwei Parallelstraßen weiter südlich findet man das **S´Zawermer Stuebel ⑬.** Die elsässische Küche kann man auch auf der Terrasse im Innenhof genießen. Zum Schluss lohnt ein entspannender Besuch in einem der schönsten Rosengärten Frankreichs, **La Roseraie de Saverne ⑭** im Nordwesten der Stadt an der D 1004, noch vor der Bahnlinie.

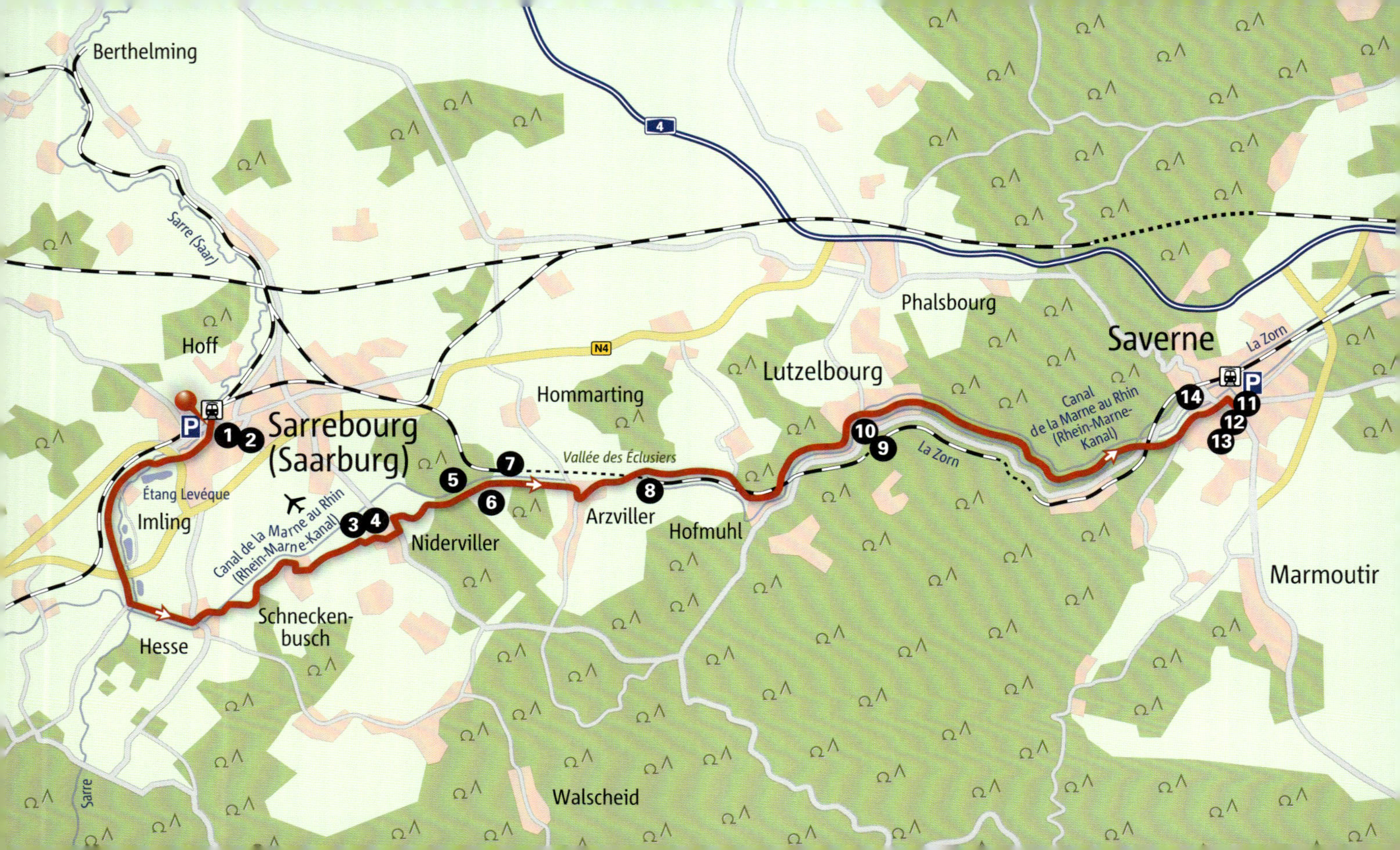

Berthelming
Sarre (Saar)
Hoff
Sarrebourg
(Saarburg)
Étang Levéque
Imling
Hesse
Canal de la Marne au Rhin
(Rhein-Marne-Kanal)
Schnecken-
busch
Niderviller
Hommarting
N4
4
Vallée des Éclusiers
Arzviller
Hofmuhl
Walscheid
Lutzelbourg
Phalsbourg
La Zorn
Canal
de la Marne au Rhin
(Rhein-Marne-
Kanal)
Saverne
La Zorn
Marmoutir
Sarre
1
2
3
4
5
6
7
8
9
10
11
12
13
14
P
P

Alles auf einen Blick

WIE & WANN:

Durchgehend asphaltierte Wege und kaum befahrene Straßen, einige kleine Steigungen. Ganzjährig gut befahrbar, am schönsten von Frühling bis Herbst.

HIN & WEG:

Auto: Parking Faubourg de France (kostenlos), Avenue de France, 57400 Sarrebourg (GPS: 48.7361, 7.04824)

ÖPNV: Gare de Sarrebourg (TER). Für die Rückfahrt gibt es eine günstige Bahnverbindung von Saverne nach Sarrebourg.

ESSEN & ENTSPANNEN:

Restaurant M ❹ 9 Place Charles de Gaulle, 57565 Niderviller,
Tel. +33 (3) 87 07 37 99, www.restaurant-m-niderviller.com

Entspannung ★★★★☆

Genuss ★★★☆☆

Romantik ★★★★★

Auberge Altenburger ❻ 1 Rue du Canal, 57405 Guntzviller,
Tel. +33 (3) 87 07 91 24, www.altenburger.fr

Café Crêperie Papar Hasard ❽ Écluse Nord 2, 57405 Arzviller,
Tel. +33 (7) 67 43 96 61, www.paparhasard.com

Hôtel Restaurant des Vosges ❿ 2 Rue Charles Ackermann, 57820 Lutzelbourg,
Tel. +33 (3) 87 25 30 09, www.hotelvosges.com

Taverne Katz ⓬ 80 Grand´ Rue, 67700 Saverne,
Tel. +33 (3) 88 71 16 56, www.tavernekatz.com

S´Zawermer Stuebel ⓭ 4 Rue des Frères, 67700 Saverne,
Tel. +33 (3) 88 71 29 95, www.szawermer.fr

ENTDECKEN & ERLEBEN:

Chapelle des Cordeliers ❶ **Musée du Pays de Sarrebourg** ❷
Faïencerie de Niderviller ❸ **Niderviller-Tunnel** ❺
Arzviller-Tunnel ❼ **Château de Lutzelbourg** ❾
Château des Rohans ⓫ **La Roseraie de Saverne** ⓮

Skulptur am Bahntrassenradweg Portes Bonheur

- 32 Kilometer
- 165 Höhenmeter
- 4 Stunden
- Rundtour

Vom **Parkplatz am Schwimmbad** in Molsheim, der dank Höhenbegrenzung nur für Pkw geeignet ist, fahren wir in südlicher Richtung auf der **Rue des Sports** bis zur T-Kreuzung mit der **Avenue de la Gare.** Hier biegen wir links ab und überqueren die Bruche. Direkt nach der Brücke geht es rechts in den **Quai des Anciens Abattoirs.** Wer vom **Bahnhof** startet, verlässt ihn in nordwestlicher Richtung, also Richtung Stadtmitte auf die **Avenue de la Gare** und biegt vor der Brücke über den Fluss links ab, um ebenfalls den Quai des Anciens Abattoirs zu erreichen.

Am Ende der Straße biegen wir an einem Stoppschild erst rechts ab und fahren dann gleich wieder links, um den beschrankten Bahnübergang zu überque-

Bahntrassenrunde

Von Molsheim nach Obernai

ren. Unmittelbar hinter den Bahnschranken geht es wieder rechts Richtung **Rosheim.** Wir folgen dem **Chemin de Dorlisheim** und überqueren den Schiffbach (Bras de la Bruche), durch den eine Furt führt, auf einer schmalen Brücke. Danach geht es weiter geradeaus nach **Dorlisheim,** wo wir direkt hinter der Kirche rechts abbiegen.

Nach gut 250 Metern fahren wir links in die **Rue de la Paix** bis zu einer T-Kreuzung. Nach links trifft man auf das nette, moderne **Lokal S´Dorf Stubel ❶.** Für die Weiterfahrt biegen wir aber rechts ab und an der nächsten Kreuzung links in die **Rue de Rosheim.** Am folgenden Kreisverkehr folgen wir dem Radwegsymbol schräg rechts. Wir fahren durch eine Wohnsiedlung und biegen an deren Ende links ab.

Nachdem wir die **D 1420** auf einer Brücke überquert haben, führt der asphaltierte Weg hinauf in die Weinberge. Hier müssen wir kräftig in die Pedale treten. Für den Anstieg belohnt uns ein herrlicher Ausblick auf die Rheinebene mit dem Schwarzwald im Hintergrund. Vom höchsten Punkt sehen wir vor uns in der Ferne die Vogesen aufragen. Davor liegt unten malerisch im Tal **Rosheim.** Bevor wir in den Ort hinunterfahren, können wir noch auf einer Picknickbank unter Bäumen eine Pause einlegen.

Wir erreichen **Rosheim,** fahren geradeaus durch eine Wohngegend bis zu einem Kreisverkehr vor dem Stadttor **Porte de Lion.** Vor dem Kreisverkehr kreuzt der **Bahntrassenradweg Portes Bonheur** von Rosheim

Rosheim

nach Saint-Nabor die Straße. Wir können hier rechts auf den Radweg abbiegen und so die Altstadt umfahren oder geradeaus durch das Stadttor ins historische Zentrum radeln.

Im Zentrum treffen wir nach 200 Metern auf die bedeutende romanische Kirche **Sts-Pierre-et-Paul** ❷ (Sankt Peter und Paul), die man unbedingt besichtigen sollte. Im südlichen Querschiff befindet sich gut versteckt eine Silbermann-Orgel von 1733. Folgt man der Hauptstraße Rue du Génerale de Gaulle Richtung Westen, erreicht man bald das klassizistische **Rathaus** und einen **Sechs-Eimer-Brunnen,** der für das Elsass typisch ist. Knapp 400 Meter weiter trifft man auf die **Maison Romane** ❸**,** ein 1154 von einer Patrizierfamilie erbautes, zweistöckiges Haus, das älteste Steinhaus im Elsass. Direkt daneben kann man sich im **Barista´do** ❹ mit einem guten Espresso oder Cappuccino stärken, wie man ihn im Elsass leider selten bekommt.

***Sts-Pierre-et-Paul** ist eine der bedeutendsten romanischen Kirchen im Elsass. Das Kirchenschiff entstand zwischen 1132 und 1160, der Turm im 14. Jahrhundert. Das Innere wirkt durch den wohlproportionierten Raum und die Säulenkapitelle.*

Für die Seele

Vor beeindruckender Bergkulisse radeln wir durch Weinberge und malerische Städtchen und genießen in gemütlichen Weinstuben feine Weine und Gerichte.

Kirche Saints-Pierre-et-Paul

Ein kleines Stück weiter die Straße entlang kommt man am **Restaurant A La Croix d´Or** ❺ vorbei, einem traditionellen elsässischen Gasthaus mit schöner Terrasse. Die Flammkuchen sollen hier besonders gut sein. Gleich an der nächsten Abzweigung biegen wir rechts

in die **Rue de la Chapelle** ab, wo wir an der folgenden Kreuzung auf den **Bahntrassenradweg** stoßen, auf dem wir nach links weiterfahren.

Nach 650 Metern kreuzen wir am Ortsende von Rosheim die **D 604.** Gleichmäßig sanft ansteigend führt uns der Radweg durch hügelige Landschaft mit Streuobstwiesen, Feldern, Wiesen und Weinbergen. Nach 2 Kilometern erreichen wir **Boersch,** wo der Radweg die **Route d'Obernai** kreuzt. Hier hat man einen modern gestalteten Rastplatz angelegt.

*2018 wurden die Schienen der Bahnlinie Rosheim–Saint-Nabor demontiert und der Radweg **Portes Bonheur** perfekt neu angelegt. Bahntrassentypisch führt er ohne starke Steigungen ca. 10 Kilometer durch hügeliges Gelände an den Vogesenrand.*

Es empfiehlt sich ein kurzer Abstecher nach rechts in den mittelalterlichen Ortskern des winzigen, von Mauern umschlossenen Landstädtchens. Dazu folgt man dem Verlauf der Straße, die über einen Kreisverkehr geradeaus durch das Stadttor führt. Im Zentrum des idyllischen Fachwerkstädtchens steht das Renaissance-Rathaus mit dem besonders schönen **Sechs-Eimer-Brunnen,** dem schönsten im Elsass nach dem von Obernai. Gegenüber der Mairie liegt einer der elsässischen Glücksorte für kulinarische Genüsse: das **Restaurant Le Schtampfel ❻.**

Wir fahren zurück zum Radweg und steuern das gut 3 Kilometer entfernte **Ottrott** an. Auf dem Weg dorthin durchqueren wir ein stählernes Tor aus zwei riesigen, rostigen, dreieckigen Stahlplatten, die **Portes Bonheur,** das Wahrzeichen des gleichnamigen Radwegs. Das Tor bietet dem Radler auch eine Rastmöglichkeit. Vor uns liegt zum Greifen nah die Silhouette der Vogesen mit dem **Mont St-Odile.**

Am ehemaligen Bahnhof von **Ottrott** befinden sich unter anderem eine Werkzeugstation für die Fahrradreparatur und eine Trinkwasserzapfstelle zum Auffüllen der Wasserflaschen. Biegt man hier rechts auf die **D 426** Richtung Ortsmitte ab, kommt man schon nach 150 Metern zum **Restaurant Rouge d´Ottrott** ⑦ mit elsässischer Küche.

Le Belvédère Portes Bonheur

Weiter auf dem Radweg geht es nun für eine Bahntrasse steil bergauf. Zum Glück waren 3 Prozent die maximale Steigung für Dampfloks. Nach der Überquerung der **D 35** treffen wir auf die **Bar à Vignes ❽,** den Weinausschank des örtlichen Weinguts von Fritz Schmitt inmitten von Weinreben. Hier lohnt unbedingt ein Stopp, um einen der leckeren Weine zu probieren.

Nach 1,3 Kilometern endet der Ausbau der Bahntrasse, sodass wir links abbiegen müssen und somit eine große Schleife der Bahnlinie abkürzen können. Schon nach weniger als 200 Metern geht es weiter auf der Bahntrasse, auf der die Schienen in Beton eingebettet sind. Nach weiteren 200 Metern ist aber an einem Prellbock das Ende von Bahnlinie und Radweg erreicht. Zum krönenden Abschluss gibt es hier oben im ehemaligen Steinbruch am Fuß des Mont St-Odile **Le Belvédère Portes Bonheur ❾,** eine architektonisch meisterhafte Aussichtsplattform mit geschwungener Treppe in Rostoptik. Vor uns breitet sich das halbe Elsass aus. Ganz in der Ferne ist gerade noch das Straßburger Münster erkennbar und gegenüber die Bergkette des Schwarzwalds zu sehen. Ganz links am äußersten Horizont sind sogar in etwa 70 Kilometern Entfernung die Nordvogesen zu erkennen, die dort bei Wissembourg in den Pfälzer Wald übergehen.

Wir radeln ein Stück denselben Weg zurück, bis wir nach etwa 1,6 Kilometern rasanter Fahrt bergab rechts auf den Radweg nach **Obernai** abbiegen. Wir sausen weiter bergab bis zu einer querenden Straße, hinter der es auf perfekt asphaltiertem Feldweg geradeaus weitergeht. Durch Weinberge fahren wir wieder bergab nach **Bernardsviller,** wo wir einen mit alten Bäumen bestanden, großen Platz erreichen. Hier gibt es im Schatten gelegene Picknickbänke und eine Fahrradreparaturstation.

Wir biegen hier schräg links auf die **D 809** ab, auf der wir den malerischen Ort mit seinen hübschen alten Häusern und Höfen durchqueren. Danach biegen wir links auf die **D 109** ab. Kurz vor einem **Kreisverkehr** beginnt ein Radweg, auf dem wir geradeaus nach **Obernai** fahren. Nach 750 Metern biegen wir an einem Stoppschild rechts ab in die Stadtmitte von Obernai. Die Straße führt direkt auf den **Kapellturm** (Beffroi) aus dem 13. und 16. Jahrhundert neben dem Rathaus zu. Hier am **Marktplatz** sollten wir die Räder abstellen und durch die Altstadt von Obernai bummeln, die zu den schönsten des Elsass zählt.

Église Saints-Pierre-et-Paul

Vom Marktplatz aus gesehen rechts vom Rathaus erreichen wir

Marktplatz mit Halle aux Blés

den wohl schönsten **Sechs-Eimer-Brunnen** der Renaissance im Elsass. Er steht auf dem engen Gehsteig an der Straße, keine ideale Lage. Ebenfalls aus der Renaissance stammt die **Halle aux Blés,** die Alte Kornhalle, ein stattlicher Bau am östlichen Ende des Marktplatzes. An ihrer Nordseite gegenüber der Straße ist die **Cour Fastinger** zu bewundern, ein alter Fachwerkhof ebenfalls aus dem 16. Jahrhundert. In einem der Fachwerkhäuser in derselben Straße ist die traditionelle **Winstub Le Freiberg** ⑩ untergebracht. Will man nur einen guten Kaffee und selbst gebackenen Kuchen in einer stillen Seitengasse am Markt genießen, ist man mit der Pâtisserie **Cup & Co** ⑪ gut beraten.

Wir schwingen uns wieder auf die Räder und radeln am Sechs-Eimer-Brunnen vorbei auf die neugotische **Église Sts-Pierre-et-Paul** zu, an der wir uns rechts halten und an der Friedhofsmauer entlang weiterfahren. Kurz vor Ende des Friedhofs fahren wir an der Gabelung leicht links in die **Rue de la Montagne.** Ab hier befinden wir uns auf dem **EuroVelo 5,** auf dem wir geradeaus Obernai verlassen und dem wir die nächsten gut 4 Kilometer folgen.

*Eine **Winstub** ist meist ein urig-rustikales, manchmal auch relativ edles Restaurant, in dem deftige elsässische Küche und eine umfangreiche Weinkarte mit vorwiegend elsässischen Weinen angeboten werden.*

Café Cup & Co

Im weiteren Verlauf des Radwegs fahren wir durch leicht hügelige Landschaft mit Weinbergen und Streuobstwiesen. Wir erreichen **Bischoffsheim** und durchqueren den Ort, wobei wir den Wegweisern nach Molsheim und Rosheim folgen. Kurz nach dem Ortsende treffen wir auf die **D 207 G,** die wir überqueren und auf dem parallel zur Straße verlaufenden Radweg nach links weiterfahren.

Nach 1 Kilometer treffen wir auf die **D 35,** an der wir rechts abbiegen. Nach 1,5 Kilometern fahren wir in einen **Kreisverkehr,** den wir an der zweiten Ausfahrt verlassen, die nur für Radfahrer möglich ist. Der Weg verläuft nun parallel zur **D 35 G.** An einer T-Kreuzung biegen wir der Beschilderung folgend links ab in die **Rue de Dorlisheim,** die bald in einen gut asphaltierten Feldweg übergeht.

Cour Fastinger

Nachdem wir auf einer Brücke die vierspurige **D 1429 G** überquert haben, biegen wir an der folgenden Abzweigung rechts ab Richtung **Molsheim.** Der asphaltierte Weg endet schließlich an einer T-Kreuzung am Rand von **Dorlisheim.** Hier biegen wir rechts ab und nehmen die nächste Straße links. Danach überqueren wir die **D 392** und folgen der Radwegweisung bis zu einem Stoppschild vor einer Kirche. Wir biegen rechts ab. Der Weg ist ausgeschildert als Radweg nach Strasbourg und wir befinden uns wieder auf dem Weg, auf dem wir von Molsheim gekommen sind. Wir fahren wieder über die Furt,

Molsheim, Place de l´Hôtel de Ville

überqueren den Bahnübergang, fahren dahinter rechts und ab hier geradeaus an der Bahnlinie entlang bis zum **Bahnhof von Molsheim.**

Um zum Parkplatz am Schwimmbad zurückzugelangen oder noch in die Stadtmitte von Molsheim zu fahren, biegen wir vor einer Fahrradgarage links ab, fahren oberhalb der **Avenue de la Gare,** die hier aus der Bahnunterführung kommt, zur nächsten Kreuzung, dort auf dem Radweg geradeaus, überqueren die Bruche und biegen dann rechts in die **Rue des Sports** ab, über die wir wieder den Ausgangspunkt unserer Radtour erreichen. Das historische Zentrum mit dem schönen Rathaus erreicht man schnell, wenn man am Kreisverkehr links abbiegt.

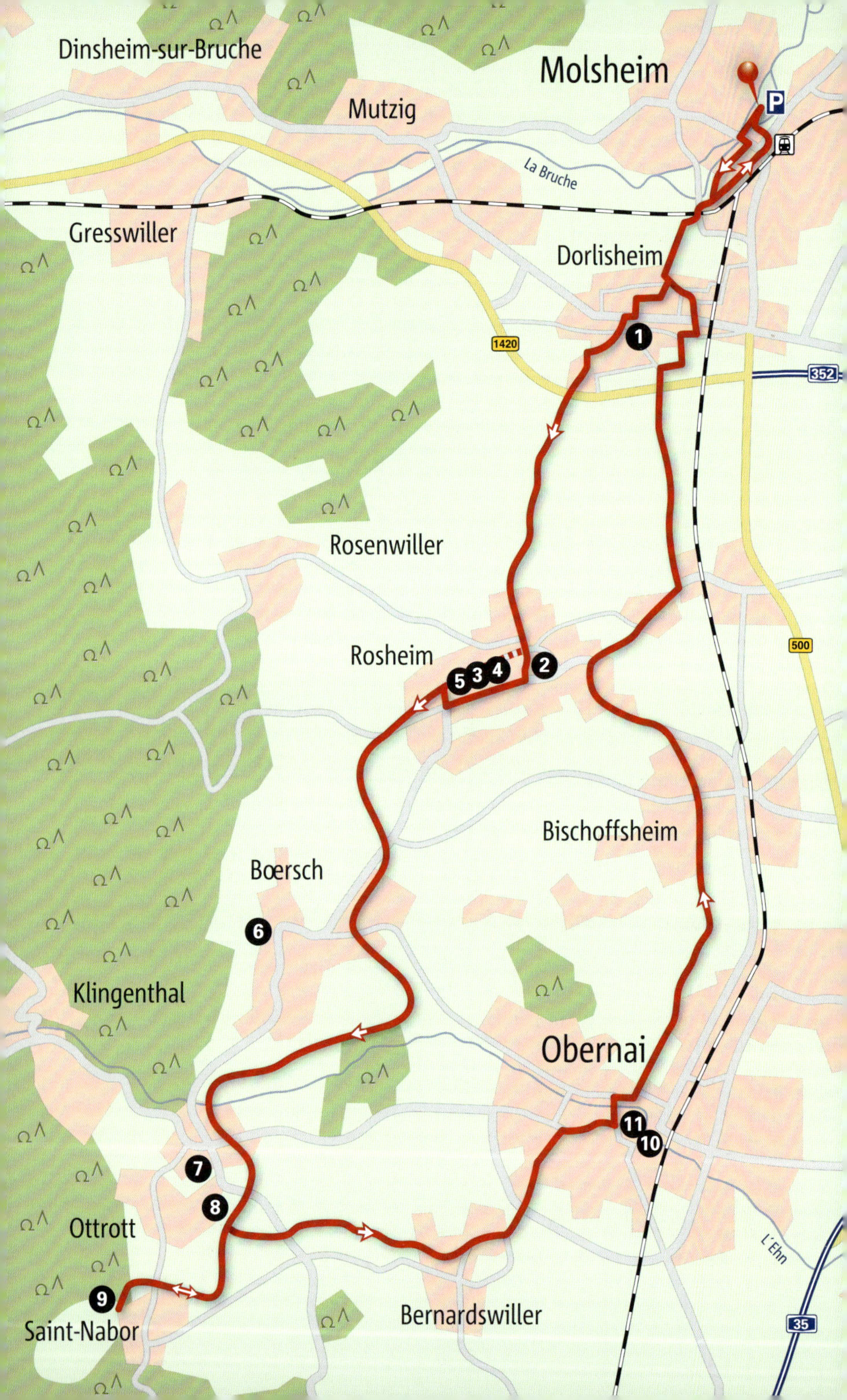
Dinsheim-sur-Bruche
Molsheim
Mutzig
La Bruche
Gresswiller
Dorlisheim
1420
352
Rosenwiller
Rosheim
500
Bischoffsheim
Bœrsch
Klingenthal
Obernai
Ottrott
L´Ehn
Saint-Nabor
Bernardswiller
35

Alles auf einen Blick

WIE & WANN:

Radweg auf ehemaliger Bahntrasse mit gleichmäßiger Steigung, asphaltierte Wege, kaum befahrene Straßen. Ganzjährig gut befahrbar, am schönsten von Frühling bis Herbst.

HIN & WEG:

Auto: Parking de la Piscine (kostenlos), 7 Rue des Sports, 67120 Molsheim (GPS: 48.54097, 7.49868)
ÖPNV: Gare de Molsheim (TER)

ESSEN & ENTSPANNEN:

S´Dorf Stubel ❶ 25 Grand' Rue, 67120 Dorlisheim, Tel. +33 (3) 88 38 73 08, sdorf.fr
Barista´do ❹ 27 Rue du Général de Gaulle, 67560 Rosheim
Restaurant A La Croix d´Or ❺ 3 Rue du Général de Gaulle, 67560 Rosheim, Tel. +33 (3) 88 50 42 42, www.restaurant-alacroixdor-rosheim.fr

Entspannung ✱✱✱✱✱
Genuss ✱✱✱✱✱
Romantik ✱✱✱✱✱

Restaurant Le Schtampfel ❻ 1 Rue du Rempart, 67530 Bœrsch, Tel. +33 (9) 82 20 06 26, www.restaurant-le-schtampfel.fr
Restaurant Rouge d´Ottrott ❼ 2 Route de Barr, 67530 Ottrott, Tel. +33 (3) 88 95 91 77, www.restaurant-ottrott.fr
Bar à Vignes ❽ 10, Rue du Vignoble, 67530 Ottrott, Tel. +33 (3) 88 95 98 06, www.fritzschmitt.com (während der Saison)
Winstub Le Freiberg ❿ 46 Rue du Général Gouraud, 67210 Obernai, Tel. +33 (3) 88 95 53 77, www.le-freiberg.com
Cup & Co ⓫ 5 Cour des Artisans, 67210 Obernai, Tel. +33 (3) 67 98 21 21, cupandco67.wordpress.com

ENTDECKEN & ERLEBEN:

Sts-Pierre-et-Paul ❷ 107 Rue du Géneral de Gaulle, 67560 Rosheim
Maison Romane ❸ 23 Rue du Géneral de Gaulle, 67560 Rosheim
Le Belvédère Portes Bonheur ❾

- 22 Kilometer
- 90 Höhenmeter
- 3 Stunden
- Strecke

Winstub Au Tonnelet in Barr

Wir starten unsere Tour an der **Gare de Barr,** wo Bahnhofsgebäude und großer kostenloser Parkplatz für Fahrzeuge bis 3,5 Tonnen nebeneinanderliegen. Dazu fahren wir etwa 30 Meter zur **D 425,** überqueren sie und folgen der Radwegweisung hinauf in die **Rue Bannscheid.** Nach 550 Metern biegen wir an einem Stoppschild links Richtung **Mittelbergheim** ab.

Wir können hier auch zuerst rechts abbiegen, um einen Abstecher ins Stadtzentrum zu machen. Bei einem Besuch der schönen Altstadt sollte man sich durch die Grand´ Rue und die vielen Gassen treiben lassen und den **Marktplatz** mit dem **Hôtel de Ville** aus der Renaissance besuchen. Wer Lust hat, ein Palais aus dem 18. Jahrhundert mit stilvoller Einrichtung von innen zu sehen, dem sei das **Musée de la Folie Marco** ❶ empfohlen. Zum Einkehren laden das **Restaurant Le Landsberg** ❷ in derselben Straße oder die traditionelle **Winstub Au Tonnelet** ❸ in der Grand´ Rue ein.

__Barr__ ist eine sympathische Kleinstadt, geprägt von alten Fachwerkhäusern und verwinkelten Gassen mit Kopfsteinpflaster. Sie ist im Gegensatz zu manch anderen Orten an der Weinstraße nicht überlaufen und für Touristen herausgeputzt.

Genuss pur

Perlen an der Weinstraße

Auf der Weiterfahrt führt uns der asphaltierte Weg durch Weingärten, hinter denen bald die märchenhafte Kulisse des Winzerstädtchens **Mittelbergheim** auftaucht, eines der 100 schönsten Dörfer Frankreichs. Unser Weg trifft gleich an der ersten Kreuzung auf die **Rue Principale,** die sich durch das Straßendorf zieht. Uns fällt das stimmige homogene Ortsbild auf, in dem es keine stilistischen Entgleisungen zu geben scheint. Die Häuser sind Ton in Ton erdfarben und haben

Diese Tour verläuft bis Scherwiller größtenteils auf dem **EuroVelo 5** Via Romea Francigena, einem 3900 Kilometer langen europäischen Fernradweg von London nach Brindisi. Wir treffen zwischen Sarreguemines und Mulhouse auf unseren Touren immer wieder auf ihn.

weder Kunststofffenster noch Alurollläden, eine perfekte Filmkulisse.

Biegt man hier links ab, erreicht man kurz vor dem Dorfende das **Restaurant Am Lindeplatzel ④.** Wir fahren aber in die andere Richtung nach **Andlau,** dem EV 5 folgend durch die Hauptstraße. Rechts gegenüber der Kirche kommen wir an einem winzigen Dorfladen vorbei. Ein Stück weiter sehen wir ein Haus mit Treppengiebel, auf dem Störche leben, bevor wir eine Kreuzung erreichen. Nach rechts erreicht man nach 150 Metern eines der vielen kleinen, familiären und netten Weingüter, die Domaine Hirtz Jean et Fils. Hier kann man Wein probieren und zu günstigen Preisen kaufen.

Wir fahren an der Kreuzung geradeaus dem Radwegepfeil folgend bis zum Ortsende, wo wir links Richtung **Andlau** abbiegen. Über die Berghänge erstrecken sich schier endlose Weinfelder. Wir stoßen auf die D 62 und folgen ihr nach rechts hinunter nach Andlau. Wir folgen der Straße talwärts bis zu einem Stoppschild, an dem wir geradeaus fahren. An der

Barr, Altstadt

Für die Seele

Genuss für alle Sinne erleben wir intensiv auf der Fahrt durch malerische Orte mit sichtbarer Geschichte und kulinarischen Genüssen, eingebettet in Weinberge.

Abteikirche Sainte-Richarde

nächsten Gabelung führt unser Radweg schräg links weiter, während wir nach rechts über die **D 425** nach 200 Metern zur Hauptsehenswürdigkeit gelangen, der **Abteikirche Ste-Richarde.** Das Westwerk ist mit einem herrlichen Fries und Portalfiguren von 1130 verziert, eines der schönsten Werke der Romanik im Elsass. Das Kirchenschiff stammt aus dem 17. Jahrhundert. Das traditionelle Gasthaus **Au Boeuf Rouge** 5 liegt im Zentrum in der ehemaligen Poststation aus dem 17. Jahrhundert. Direkt über der Eingangstür kleben Schwalbennester.

Wir fahren weiter auf dem Radweg, der Andlau bald verlässt und an der **Chapelle de St-André** vorbeiführt. Wir bleiben weiter auf der **D 253,** die leicht bergauf führt und an einer Kreuzung rechts abknickt. Hier lohnt es sich, kurz zu halten, um nach Andlau zurückzublicken, ein verlockendes Fotomotiv. Wir folgen der rechts abknickenden Vorfahrtstraße durch die Weinberge. Linker Hand erkennen wir die Bergkette des Schwarzwalds am Horizont.

Restaurant Au Caveau du Vieux Pressoir

Die Straße trifft auf die D 35, die wir überqueren, um geradeaus weiter auf einem Feldweg zu fahren. An einer Wegkreuzung, an der uns der Radwegweiser EV 5 nach rechts schicken will, fahren wir geradeaus weiter nach **Ittersviller** hinunter, wo wir an einem Stoppschild auf die Route du Vin stoßen. Wenige Meter rechts von hier kann man im **Au Caveau du Vieux Pressoir** ❻ in einem sehr schönen stimmungsvollen Hof des Weinguts mit Restaurant und Gästehaus sitzen und die Speise- und Weinkarte studieren. Die namensgebende alte Weinpresse befindet sich in der Gaststube.

Unser Radweg führt nach Überquerung der Route du Vin weiter bergab, wo wir auf der **D 35** bis **Nothalten** weiterfahren. Hier knickt die Straße rechts ab, während wir auf dem EV 5 geradeaus fahren. Weiter geht es auf asphaltierten und gut als Radwege ausgeschilderten Feldwegen durch Weinberge, bis wir wieder auf die **D 35** stoßen. An der Einmündung gibt es einen kleinen Picknickplatz unter Schatten spendenden Bäumen.

Wir fahren hier links und erreichen den Ortsrand von **Blienschwiller,** wo wir an der ersten Kreuzung rechts in den alten Ortskern abbiegen. Links an der Straße liegt das Gourmetrestaurant **Le Pressoir de Bacchus** ❼**.**

Restaurants und Weinstuben *haben im Elsass außer an Ruhetagen fast immer mittags und abends geöffnet. Durchgehend allerdings außer ab und zu in Großstädten so gut wie nie. Mittagstisch gibt es meist zwischen 12 und 14 Uhr, abends öffnen viele um 19 Uhr.*

Blick über Weinberge und Landstraße

An der nächsten Abzweigung im Zentrum beim Rathaus und dem mittelalterlichen **achteckigen Brunnen** aus dem 16. Jahrhundert biegen wir mit der **D 35** links ab.

400 Meter nach dem Ortsende von Blieschwiller biegen wir nach einer Linkskurve rechts aufwärts auf einen unbeschilderten betonierten Feldweg ab. Nach dem kurzen steilen Anstieg freuen wir uns wieder über die schöne Aussicht auf Weinberge, Rheinebene und Schwarzwald, vor dem man die Silhouette des Kaiserstuhls erkennen kann. Beim Blick zurück sehen wir die Dörfer, durch wir zuletzt gefahren sind.

Der Weg führt bald wieder bergab auf **Dambach-la-Ville** zu. Rechts über der Altstadt schaut man von den Weinbergen auf die **Chapelle St-Sébastien** herab. Sie gehörte einst zu einem inzwischen verschwundenen Dorf. Der Turm ist romanisch, Kirchenschiff und Chor sind gotisch. Die Madonnenfigur am linken Seitenaltar wird der Schule von Tilman Riemenschneider zugeschrieben. Den Chor ziert ein einzigartiger holzgeschnitzter Barockaltar (Schalter für Beleuchtung betätigen). Sehenswert sind außerdem der kleine Garten und das Beinhaus unter dem Chor. Genauso lohnenswert wie die Kapelle ist auch der Ausblick von dort oben über die Dächer der malerischen Altstadt von Dambach-la-Ville auf die Oberrheinebene.

Um dorthin zu gelangen, fahren wir an der T-Kreuzung, an der es links in die Stadt geht, rechts zur Kapelle hinauf. Der Anstieg ist kurz, aber heftig und, wie gesagt, lohnenswert. Nach dem Abstecher fahren wir wieder hierher zurück, an der **Chapelle Notre-Dame** vorbei und durch die **Porte de Blienschwiller,** das nördliche Stadttor, nach **Dambach-la-Ville.** Hierbei verlassen

Rathaus und Brunnen in Blienschwiller

wir kurzzeitig den EuroVelo 5, der uns die Altstadt nicht gönnen will, und stattdessen an ihr vorbeiführt.

Hinter dem Stadttor, auf dem eine Storchenfamilie ihr Heim hat, biegen wir rechts in eine Gasse ab. Gleich am Anfang kommen wir am **Restaurant à L'Arbre Vert** 8 vorbei, das am Wochenende seinen Flammkuchenofen anwirft. Überhaupt bieten viele Restaurants die elsässische Spezialität nur abends oder nur an Wochenenden an.

Wir fahren durch die mit Fachwerkhäusern gesäumte malerische Gasse. An ihrem Ende trifft sie links direkt auf den **Marktplatz mit dem Rathaus.** Auch diesen Platz ziert ein achteckiger, blumengeschmückter Brunnen von 1542. Auf der Säule sitzt ein Bär mit einer Geldbörse. Wir fahren rechts am Rathaus und der neoromanischen Kirche vorbei geradeaus und durch das südliche Stadttor. Hier biegen wir rechts und gleich wieder links ab auf einen Weg durch die Weinberge, die sich hier direkt an die Altstadt anschließen.

Scherwiller

An der nächsten Gabelung fahren wir rechts und an der folgenden wieder links, wo wir uns wieder dem EV 5 anschließen und auf die Kulisse des netten Örtchens **Dieffenthal** zufahren. Im Dorf geht es am Stoppschild geradeaus und danach scharf links dem Radwegweiser folgend in die **Petite Rue.** Wir dürfen nicht verpassen, schon nach gut 50 Metern wieder rechts in die **Rue du Mannweg** abzubiegen. Nach gut 100 Metern geht es links und an der folgenden T-Kreuzung wieder rechts ab. Ab hier fahren wir geradeaus weiter durch Weinberge. Rechts auf den Höhen der Vogesen schauen die Burgruinen **Ortenburg** und **Ramstein** aus dem Wald heraus.

In **Scherwiller** biegen wir am Stoppschild vor der **D 35** links ab und an der übernächsten Abzweigung rechts. Wir folgen dem Verlauf des offen fließenden Aubachs und auf der Rue de la Mairie bis zum Rasthaus. Biegt man hier links ab, trifft man auf das beliebte **Restaurant La Couronne** **9** in einem schönen Hof mit Fachwerkambiente innen und außen, die Nummer eins unter den Restaurants der Stadt.

Zur Fortsetzung unserer Radtour biegen wir am Rathaus nicht links ab, sondern folgen der Straße, die nach wenigen Metern nach rechts abknickt. An der folgenden T-Kreuzung biegen wir links ab und fahren bis zur **Chapelle St-Wolfgang,** die mitten auf einer Kreuzung zu stehen scheint. Hinter ihr biegen wir am Stoppschild rechts ab auf die **Rue de Sélestat,** die uns bis eben dorthin führt.

In **Sélestat** (Schlettstadt) biegen wir am ersten Kreisverkehr rechts ab, am zweiten bei einem Hypermaché fahren wir geradeaus, um dann an der nächsten großen Kreuzung links abzubiegen. Wir fahren über eine **Brücke,** die die Gleisanlage der Bahnlinie überquert. Rechts unten sehen wir schon den **Bahnhof,** von dem wir später bequem nach Barr zurückfahren können.

Église Sainte-Foy

Aber zunächst geht es noch geradeaus Richtung Stadtzentrum. An der nächsten Kreuzung fahren wir geradeaus weiter, bleiben dazu aber auf dem Radweg, dessen Wegweisung wir folgen, um mit einem leichten Schlenker gefahrlos über die querende Straße zu kommen. Nach etwa 600 Metern sehen wir links in Höhe einer Filiale von Crédit Agricole zwischen den Häusern etwas zurückversetzt das Stadttor **Porte Neuve,** durch das wir in die Altstadt gelangen.

Hier radeln wir geradeaus und erreichen nach 250 Metern einen kleinen Platz und die **Église Ste-Foy.** Sie ist ein Meisterwerk der el-

La Petite Ferme Riedwasen

sässischen Romanik und weist an ihrem Westwerk reichen Figurenschmuck auf. Außen und innen lassen die Proportionen den Bau äußerst harmonisch wirken. Das Innere verströmt eine mystische Atmosphäre. Von einer Barockisierung blieb nach der Restaurierung im 19. Jahrhundert nur die Kanzel übrig.

Gegenüber der Kirche kann man sich im **Petite Ferme Riedwasen** umschauen, einem schönen Delikatessengeschäft. Ein paar Meter in nördlicher Richtung wartet das **Maison du Pain d'Alsace ⑩,** das elsässische Brotmuseum, in dem es nach frischem Brot riecht, das man probieren und bei dessen Herstellung man zuschauen kann. Am selben Platz ist in der ehemaligen Kornhalle die **Humanistische Bibliothek ⑪** untergebracht, eine bedeutende Sammlung alter Handschriften, die im 15. Jahrhundert gegründet wurde und mittelalterliche Handschriften seit dem 7. Jahrhundert umfasst. In östlicher Richtung ragt der 60 Meter hohe Kirchturm der **Église St-Georges** als Wahrzeichen der Stadt heraus. Die gotische Kirche ist eine der größten im Elsass.

*In Sélestat muss man sich entscheiden, ob man die rund 22 Kilometer lange **Rückfahrt** mit dem Rad macht, dabei das eventuelle schöne Abendlicht genießt und unterwegs noch einkehrt. Der Zug ab Sélestat schafft die Strecke in 20 Minuten.*

Barr
Gertwiller
Zellwiller
Mittelbergheim
Eichhoffen
Andlau
Stotzheim
Itterswiller
Epfig
35
Nothalten
Blienschwiller
1083
Dambach-la-Ville
Dieffenthal
Kientzville
Scherwiller
Giessen
N59
Giessen
Châtenois
Sélestat
(Schlettstadt)
N83
Ill

Alles auf einen Blick

WIE & WANN:
Größtenteils kaum befahrene Straßen und asphaltierte Feldwege, mehrere kurze Steigungen. Ganzjährig gut befahrbar, am schönsten von Frühling bis Herbst.

HIN & WEG:
Auto: Parking de la Gare (kostenlos), Rue de la Gare, 67140 Barr (GPS: 48.40234, 7.45633)
ÖPNV: Gare de Barr (TER), zurück zum Ausgangspunkt mit der Bahn ab Sélestat

ESSEN & ENTSPANNEN:
Restaurant Le Landsberg ❷ 12 Rue du Docteur Sultzer, 67140 Barr, Tel. +33 (3) 88 08 94 64, www.restaurant-le-landsberg.fr
Winstub Au Tonnelet ❸ 43 Grand' Rue, 67140 Barr, Tel. +33 (9) 67 05 97 00
Restaurant Am Lindeplatzel ❹ 71 Rue Principale, 67140 Mittelbergheim, Tel. +33 (3) 88 08 10 69

Entspannung ★★★☆☆
Genuss ★★★★★
Romantik ★★★★★

Au Boeuf Rouge ❺ 6 Rue Docteur Stoltz, 67140 Andlau, Tel. +33 (3) 88 08 96 26, www.andlau-restaurant.com
Au Caveau du Vieux Pressoir ❻ 73 Route des Vins, 67140 Itterswiller, Tel. +33 (3) 88 57 81 21, www.auvieuxpressoir.fr
Le Pressoir de Bacchus ❼ 50 Route des Vins, 67650 Blienschwiller, Tel. +33 (3) 88 92 43 01
Restaurant À L´Arbre Vert ❽ 2 Rue du Général de Gaulle, 67650 Dambach-la-Ville, Tel. +33 (3) 88 92 41 01
Restaurant La Couronne ❾ 2 Rue de la Mairie, 67750 Scherwiller, Tel. +33 (3) 88 92 06 24, www.couronne.com

ENTDECKEN & ERLEBEN:
Musée de la Folie Marco ❶ www.musee-foliemarco.com
Maison du Pain d'Alsace ❿ www.maisondupain.alsace
Humanistische Bibliothek ⓫ www.bibliotheque-humaniste.fr

Weingut in Turckheim

- 40 Kilometer
- 190 Höhenmeter
- 5 Stunden
- Rundtour

Zum Start der Tour überqueren wir zunächst die Brücke über die Fecht. Gegenüber liegt die **Place de la République**, hinter der sich die malerische Altstadt von Turckheim erstreckt. Ein Teil des Platzes steht außer an Markttagen als kostenloser Parkplatz (ohne Höhenbegrenzung) zur Verfügung. Links des Platzes betreten wir durch die **Porte de France** die Altstadt. Sie ist von einer Stadtbefestigung aus dem 14. Jahrhundert mit drei Toren umgeben. Hinter dem Stadttor beginnt die **Place Turenne,** die von beeindruckenden alten Gebäuden umrahmt wird. Besonders malerisch ist das uralte **Hôtel Les deux Clefs** mit seinem mit Kletterpflanzen umrankten Fachwerk. Zur Linken verläuft die **Grand' Rue** bis zum westlichen Stadttor, an der sich

Romantiktour

Auf der Weinstraße bei Colmar

Weingüter und Restaurants aufreihen. Hinter der Hausnummer 3 liegt der besonders malerische Hof des **Weinguts François Baur.**

Zurück an der **Porte de France** radeln wir nach links (mit dem Stadttor im Rücken) und halten uns dann stets links, sodass wir auf dem **Boulevard Charles Grad** an der Stadtmauer entlangfahren. Sobald wir die **Porte du Brand** erreichen, biegen wir rechts ab in die Rue du Katzenthal. Nach 600 Metern biegen wir links nach **Katzenthal** ab. Es geht aufwärts in die Weinberge. Beim Blick zurück erkennt man schon das Munstertal, an dessen Eingang Turckheim liegt.

Wir folgen stets dem Verlauf der schmalen asphaltierten Straße durch die Weinberge. Schließlich erkennen wir unten im Tal den kleinen Weinort **Katzenthal** und dahinter in der Ferne schon weitere Orte an der Weinstraße. Die Straße führt recht steil hinunter zur **D 10.5.** Hier gibt es mehrere Weingüter, in denen man Wein probieren und kaufen kann. Gleich links an einem dreieckigen Platz mit einem Brunnen gabelt sich die Straße. Dort liegt rechts das **Hôtel Restaurant À l´Agneau ➊,** das mit den Namen von mehreren Restaurantführern an seiner Tür wirbt.

Wir verlassen Katzenthal durch die **Rue de l'Église** und fahren durch endlose Weinberge nach **Ammerschwihr.** Am Ortseingang treffen wir auf die stark befahrene **D 415,** an der der Radweg parallel weiterführt. Wir folgen nicht der Radwegweisung nach Sigolsheim, sondern biegen an der nächsten großen Gabelung schräg links vor der Crédit Agricole auf die **D 11.1** ab.

An der nächsten Gabelung halten wir uns rechts. Wir erreichen eine Kreuzung mit einem Brunnen vor dem **Restaurant Julien Binz ➋.** Es lohnt sich, hier nach

Blick auf Ammerschwihr

links in den netten, ursprünglichen Ortskern zu fahren, dort einen Bogen nach rechts zu machen, um schließlich auf die mittelalterliche **Église St-Martin d´Ammerschwihr** ❸ zu treffen. Die erreichen wir aber auch, indem wir die Straße einfach weiterfahren und an der zweiten Straße links abbiegen, wo wir schon den Kirchturm sehen können. Man betritt die Kirche durch den Eingang an der Südseite, tritt ins stockdunkle Kircheninnere und freut sich, wenn automatisch die Beleuchtung angeht und stimmungsvolle Musik erklingt. Die gotische Kanzel und der Renaissanceaufgang zur Empore sind besonders sehenswert.

Église Saint-Martin

Für die Seele

Malerische Winzerstädtchen mit Kopfsteinpflaster und Fachwerk, dazwischen die Rebhänge der besten Weinlagen. Urige Weinstuben verlocken zur Einkehr.

Wir fahren geradeaus weiter und treffen gleich wieder auf die **D 415,** die den Ort umfahren hat. Wir überqueren sie und fahren an einem großen weißen Kreuz vorbei, um vor der Friedhofsmauer rechts auf den Radweg nach **Kaysersberg** abzubiegen. Am Ende der Friedhofsmauer biegen wir wieder links ab. Dann geht es geradeaus bis zum Flüsschen Weiss, hinter dem wir links abbiegen, während wir vor uns die Stadtmauer von **Kientzheim** sehen. Diesen Ort lernen wir nach Kaysersberg noch kennen.

Bevor wir Kaysersberg erreichen, dessen Kulisse wir mit dem Kirchturm und der Burg schon vor uns

Winstub Du Chambard

Kaysersberg, Blick auf Altstadt und Burg

sehen, müssen wir vor der schlossartigen **Domaine Weinbach** rechts abbiegen und bis zur **Route du Vin** fahren. Hier biegen wir links ab auf den Radweg parallel zur Straße. Am Rand von **Kaysersberg,** wo die D 28 links abbiegt, fahren wir geradeaus in das historische Zentrum. Hier sieht es wegen der Souvenirshops schon deutlich touristischer aus als in Turckheim und den anderen Orten, durch die wir bisher gefahren sind. Der Besuch lohnt sich aber trotzdem sehr.

Rechts kommen wir an der **Winstub Du Chambard** ❹ mit äußerst stilvollem Ambiente vorbei, die jetzt zu einem Wellnesshotel gehört. Vor dem Rathaus führt unser Radweg nach rechts, weshalb wir hier am besten die Räder abstellen, um die weitere Stadtbesichtigung zu Fuß zu machen. Das prächtige Renaissance-**Rathaus** hat einen schönen Innenhof. Hinter dem Rathaus schließt sich die romanisch-gotische **Église Ste-Croix** mit reicher Innenausstattung an. Folgt man der Straße weiter, kommt man zu einer weiteren fotogenen Sehenswürdigkeit, dem **Pont Fortifié,** einer Brücke mit Schießscharten und einer Kapelle.

Zurück beim Rathaus fahren wir nach rechts durch einen **Torbogen,** wo wir die Altstadt verlassen. Wir fahren nach rechts auf einem Weg zwischen Parkplätzen und Weinbergen. Unterwegs ab und zu zurückschauen, um die Postkartenansicht mit Altstadt und Burgruine nicht zu verpassen! Wir folgen dem Radweg weiter nach Kientzheim durch die Weinberge am Schlossberg. Am Ortsrand von **Kientzheim** stoßen wir auf die **D 28,** fahren hier links und gleich danach leicht links in die **Grand' Rue,** die in das Zentrum der Altstadt führt. Wir fahren durch den ruhigen, malerischen, im Vergleich zu Kaysersberg aber eher bescheiden wirkenden Ort und treffen auf einen kleinen dreieckigen Platz mit einem Brunnen und dem netten **Restaurant Côté Vigne** ❺.

Rechts die Grand' Rue hinunter kommt man zum Weinmuseum **Musée du Vignoble et des Vins d'Alsace** ❻,

Auf der Nordseite der Église Ste-Croix in Kaysersberg steht dicht an der mittelalterlichen Stadtmauer die gotische Kapelle ***St-Michel*** *mit Fresken im Innenraum und einem Kruzifix aus dem 14. Jahrhundert. Ein beeindruckendes Beinhaus befindet sich unter der Kapelle.*

Die Weinlage ***Schlossberg*** *bei Kaysersberg und Kientzheim wurde schon im 15. Jahrhundert erwähnt. Sie gehört zu den besten des Elsass und wurde als erste als Grand Cru klassifiziert. Zugelassene Rebsorten sind Riesling, Gewürztraminer, Pinot Gris und Muscat.*

das dem Weinbaugebiet und den Winzern gewidmet ist. Wir fahren aber links und verlassen Kientzheim durch das nicht mehr vorhandene Stadttor, das im 19. Jahrhundert zerstört wurde. Unter alten Kastanien stehen einige Picknickbänke, die man gut für eine Rast nutzen kann.

Von hier fahren wir geradeaus hinauf in die Weinberge, eine der besten Weinlagen des Elsass. Der lange Anstieg durch die nach Süden gewandten, schattenlosen Weinberge ist in der Mittagshitze eine kleine Herausforderung. Oben auf der Passhöhe in absoluter Stille genießen wir mit Blick nach vorne die Aussicht auf die endlos wirkende Weinregion am Rand der Vogesen.

Am westlichen oberen Ausgang der Altstadt von Riquewihr steht der ***Dolder,*** *ein Tor- und Glockenturm aus dem 13. Jahrhundert. Er beherbergt ein Museum zur Stadtgeschichte. Von der oberen Etage ist die Aussicht über die Dächer der Stadt atemberaubend.*

Wir sollten die Ruhe zwischen den Reben genießen. Das Bild wird sich maximal ändern, sobald wir im nächsten Weinort auf unserer Route sind. Wir erreichen das vor uns in einer Talsenke liegende **Riquewihr.** Um ins historische Zentrum zu gelangen, fahren wir konsequent einfach geradeaus, während die Radwegweisung uns nach links um die Altstadt herumleiten möchte. Das ist sicher sinnvoll, wenn man Strecke machen möchte, da eine schnelle Fahrt durch den mit Touristen meist vollkommen überlaufenen historischen Ortskern kaum möglich ist.

Riquewihr gilt als schönster Ort im Elsass. Definitiv ist er der meistbesuchte, vor allem von Reisenden aus Übersee, denen es meist genügt, einen einzigen elsässischen Weinort gesehen zu haben. Trotzdem ist Riquewihr einfach traumhaft schön. Das Kopfsteinpflaster ist alt und authentisch, so wie das meiste, außer den Shops und einigen zu bunt geratenen Fassadenanstrichen. Stattliche Häuser aus dem 16. und 17. Jahrhundert mit malerischen Innenhöfen prägen das Stadtbild.

Wir schieben die Räder die recht steile **Rue du Général de Gaulle** hinauf durch das Obertor, das zusammen mit dem Torturm **Dolder** ein gutes Fotomotiv

Riquewihr

Winstub Chez Suzel und Brunnen

abgibt. Der Touristenstrom reißt hier schlagartig ab. Wir müssen nun leider den vor uns liegenden steilen Weg bergauf fahren. Über den **Chemin de la Forêt** erreichen wir einen Wald und biegen an der ersten Möglichkeit rechts Richtung **Hunawihr** ab. Nach 250 Metern biegen wir links ab, fahren an einer Obstwiese vorbei, tauchen wieder in Wald ein und erreichen schließlich die Passhöhe. Damit haben wir den letzten großen Anstieg dieser Radtour hinter uns.

Auf der Talfahrt fahren wir durch Weinberge hinunter nach **Hunawihr,** wo wir an der **Grand' Rue** rechts abbiegen. Schon an der nächsten Kreuzung führt unsere Radroute wieder nach links. Wir sollten hier aber noch ein kleines Stück die Hauptstraße durch den stillen Ort hinunterfahren, zumindest bis zur nächsten Gabelung, an der wieder ein schöner Brunnen steht. Daneben befindet sich die **Winstub Chez Suzel** ❼ mit einem netten Hof.

Wir fahren zurück zur letzten Abzweigung und folgen dem Radwegsymbol. Kurz danach verlassen wir Hunawihr und fahren durch Weinberge nach **Ribeauville,** dem letzten Weinstädtchen an der Weinstraße unserer heutigen Rundtour. Dort überqueren wir zunächst die **D 416,** biegen gleich an einem angedeuteten Kreisverkehr rechts in die **Rue de la Marne** ab. Da wir die Hauptstraße wegen einer Einbahnstraßenregelung nicht nehmen können, folgen wir dem Verlauf der Straße an der Stadtmauer entlang bis fast hinunter an die **D 18,** die östlich der Altstadt entlangführt. 50 Meter davor schieben wir die Räder nach links durch die Einbahnstraße **Rue des Cigognes** und treffen auf den Anfang der **Grand' Rue,** die sich hinauf durch die schöne Altstadt zieht. Wir sollten die Räder hier abstellen und die Stadt zu Fuß erkunden.

Wir bummeln die Grand´ Rue in der verkehrsberuhigten Innenstadt entlang, in der sich Geschäfte und Lokale aneinanderreihen. Dabei kommen wir an der **Winstub Zum Pfifferhus 8** mit wirklich uriger Stube vorbei. Leicht zurückgesetzt von der Hauptstraße mit idyllischem Hof liegt das Restaurant und Hotel **Caveau de l´Ami Fritz 9.** Ribeauville besteht aus der Unter- und der Oberstadt, die durch einen **Turm** in der Grand´ Rue geteilt ist. Neben dem Turm gibt es eine enge Fußgän-

Restaurant Caveau de l´Ami Fritz

gerpassage, in der sich das Restaurant **Au Passage de la Tour** ⑩ eingerichtet hat.

Wir steigen wieder auf unsere Räder und stürzen uns in den Straßenverkehr, der am unteren Ende der Grand´ Rue vorbeiläuft. Dazu biegen wir mangels Radweg rechts in die Straße **D 18** ab und fahren im ersten Kreisverkehr links (zweite Ausfahrt) und gleich danach am zweiten Kreisverkehr leicht links (dritte Ausfahrt) in die **D 106 G.** An der nächsten Kreuzung biegen wir links ab Richtung **Campingplatz** und sofort danach wieder rechts in die **Rue de Landau.** An der darauffolgenden Gabelung bleiben wir links auf der Vorfahrtstraße. Wir folgen dem Verlauf der Straße bis zum Campingplatz, wo die Straße in einen asphaltierten Radweg übergeht.

Es geht ständig leicht bergab, zunächst noch an Weinreben entlang, dann an Feldern und Wiesen, bis wir auf die querende **Véloroute du Vignoble** (EV 5 und VV 11) treffen und dort rechts Richtung Colmar abbiegen. Auf diesem Radweg fahren wir nun ca. 8,5 Kilometer durch die Rheinebene. Wir folgen stets der Beschilderung, fahren durch den Ortsrand von **Bennwihr** und biegen dort hinter dem letzten Haus links ab, entgegen der Radwegweisung, die uns auf die Landstraße schickt. An der nächsten Kreuzung biegen wir wieder rechts ab. Wir folgen dem asphaltierten Weg und der Beschilderung im Zickzack durch Weinberge. Wir stoßen auf die **D 18,** vor der wir links abbiegen und am Kreisverkehr auf dem Radweg Richtung Colmar fahren.

Kurz danach überqueren wir das Flüsschen **Weiss,** biegen danach links ab und folgen dem Verlauf der Weiss, die bald in die Fecht mündet. In einem Auwald überqueren wir die Fecht. Beim kleinen Weiler **Pont de la Fecht** biegen wir rechts ab. Wir kommen an einem hübschen **Biergarten** vorbei und fahren weiter bis zum Restaurant **Waldeslust,** an dem wir rechts Richtung **Ingersheim** abbiegen.

Hinter einem Wald kommen wir an eine T-Kreuzung ohne Wegweiser, an der wir rechts fahren und kurz danach wieder links abbiegen. In Ingersheim biegen wir in einer Wohngegend an einem Stoppschild rechts ab. Jetzt fahren wir geradeaus bis zur Fecht, an deren idyllischem Ufer entlang wir weiterradeln. Wir müssen nur einmal auf die rechte Seite wechseln und fahren dann immer weiter geradeaus, bis wir in **Turckheim** auf die Brücke treffen, die links zum **Bahnhof** führt.

Die Fecht

Bergheim
Ribeauvillé
10
9
8
Strengbach
Hunawihr
7
Sembach
Zellenberg
Riquewihr
Beblenheim
Ostheim
Mittelwihr
Kaysersberg
Bennwihr
N83
Kientzheim
Sigolsheim
4
5
6
Weiss
3
2
Ammerschwihr
35
Fecht
Katzenthal
1
Niedermorschwihr
Ingersheim
Turckheim
Colmar
P

Alles auf einen Blick

WIE & WANN:
Größtenteils kaum befahrene Straßen und asphaltierte Rad- und Feldwege, einige Steigungen. Ganzjährig gut befahrbar, am schönsten von Frühling bis Herbst.

HIN & WEG:
Auto: Parkplatz am Bahnhof, Quai de la Gare, 68230 Turckheim (GPS: 48.08567, 7.27895)
ÖPNV: Gare de Turckheim (TER)

ESSEN & ENTSPANNEN:
Hôtel Restaurant À l´Agneau ❶ 16 Grand' Rue, 68230 Katzenthal,
Tel. +33 (3) 89 80 90 25, www.agneau-katzenthal.com
Restaurant Julien Binz ❷ 7 Rue des Cigognes, 68770 Ammerschwihr,
Tel. +33 (3) 89 22 98 23, restaurantjulienbinz.com

Entspannung ✱✱✱✱✱
Genuss ✱✱✱✱✱
Romantik ✱✱✱✱✱

Winstub Du Chambard ❹ 9 Rue du Général de Gaulle 13, 68240 Kaysersberg,
Tel. +33 (3) 89 47 10 17, www.lechambard.fr
Restaurant Côté Vigne ❺ 30 Grand´ Rue, 68240 Kaysersberg,
Tel. +33 (3) 89 22 14 13, www.cote-vigne.fr
Winstub Chez Suzel ❼ 2 Rue de l´Église, 68150 Hunawihr,
Tel. +33 (3) 89 73 30 85, www.suzel-hunawihr.com
Winstub Zum Pfifferhus ❽ 14 Grand' Rue, 68150 Ribeauvillé, Tel. +33 (3) 89 73 62 28
Caveau de l´Ami Fritz ❾ 2 Place de l´Ancien Hôpital, 68150 Ribeauvillé,
Tel. +33 (3) 89 73 68 11, www.caveau-ami-fritz.com
Au Passage de la Tour ❿ 70 Grand' Rue, 68150 Ribeauvillé, Tel. +33 (3) 89 73 86 13

ENTDECKEN & ERLEBEN:
Église St-Martin d´Ammerschwihr ❸
Musée du Vignoble et des Vins d´Alsace ❻ 1 Grand´ Rue, 68240 Kaysersberg,
Tel. +33 (3) 89 78 21 36, www.musee-du-vignoble-alsace.fr

Weinberge bei Pfaffenheim

- 21 Kilometer
- 150 Höhenmeter
- 2 Stunden
- Rundtour

Wir parken auf dem kostenlosen Parkplatz auf der riesigen **Place de la République** südlich der großen Kirche **Église Notre Dame de l´Assomption** (Mariä Himmelfahrt), die wir uns, wie die anderen beeindruckenden Bauwerke um den Marktplatz herum, nach der Fahrradtour genauer anschauen. Wir verlassen den geschotterten Parkplatz in östlicher Richtung und fahren dann zwischen dem **Office de Tourisme** und dem gotischen Chor über Kopfsteinpflaster nach links. Beim **Restaurant à la Grappe** biegen wir rechts ab auf die **D 18 BIS**, die vom östlich der Stadt gelegenen Bahnhof in die Altstadt von Rouffach führt. Nach 60 Metern beginnt links unter einem aus Sandstein gemauerten Torbogen ein neu angelegter Radweg. Wer mit der

Kleine Weinrunde

Von Rouffach in die Weinberge

Bahn angereist ist, erreicht ihn entsprechend aus der Gegenrichtung nach weniger als 1 Kilometer über einen zweispurigen Radweg.

Der Fahrradweg folgt dem Verlauf der ehemaligen Stadtmauer. Er endet an einer Straße gegenüber der äußerst schicken **Domaine de Rouffach ❶**, einem Hotel mit der Brasserie Julien und dem Restaurant Bohrer. Dahinter thront noch vornehmer auf einer Anhöhe das Fünfsternehotel **Château D´Isenbourg ❷**.

Wir biegen rechts auf den zweispurigen Fahrradweg ab, der parallel zur Straße verläuft. Nach etwa 700 Metern sehen wir einen **Intermarché.** Hier müssen wir vor der Zufahrt zum Supermarkt über einen Zebrastreifen die Straßenseite wechseln. Dort fahren wir auf einer schmalen Straße weiter, die wenig später für ein längeres Stück neben der Schnellstraße **D 83 G** verläuft. Links von uns ziehen sich Weinberge an den Ausläufern der Vogesen entlang, vor uns liegt das Winzerdorf **Pfaffenheim,** dem wir uns langsam nähern.

Einen Wegweiser nach links nach Pfaffenheim ignorieren wir und fahren stattdessen noch ein Stück weiter auf dem **EuroVelo 5** geradeaus. Bei einem Fußballplatz biegen wir links ab und danach wieder rechts. Wir folgen der Radwegbeschilderung des EV 5 weiter durch die Randgebiete von **Pfaffenheim.** Die **Rue de la Chapelle** überqueren wir nach links versetzt und fahren immer geradeaus weiter, wobei wir an einigen Weingütern vorbeikommen, wie der **Domaine Walter ③,** die einen Wohnmobilstellplatz hat und kostenlose Weinproben anbietet.

Nach dem Weingut biegen wir an der nächsten Straße rechts ab und fahren bis zur Ausfahrt der vier-

Domaine de Rouffach und Château D´Isenbourg

Blick auf Gueberschwihr

Für die Seele

Üppige Weinreben vor imposanten Bergen, beschauliche und vergessen wirkende Orte aus einer anderen Zeit, ohne Touristenströme scheinbar für uns allein.

spurigen **D 83,** vor der wir links abbiegen. Hier ist etwas Vorsicht geboten, wenn Autos mit hoher Geschwindigkeit von der Schnellstraße kommen. Nach 1 Kilometer verlassen wir den **EuroVelo 5** an einer Abzweigung nach links. Die kleine Landstraße windet sich langsam auf **Gueberschwihr** zu.

Beim Weingut Marzolf biegen wir links ab in die **Rue Neuve** und fahren hinauf in den alten Ortskern von **Gueberschwihr.** An der ersten Kreuzung steht ein regionaltypischer achteckiger **Brunnen.** Wir fahren hier noch geradeaus und biegen dann rechts in die **Rue Haute** ab zur **Taverne Médiévale** **4**, ein nettes Lokal mit traditioneller elsässischer Küche. Weiter geradeaus erhebt sich an der **Place de la Mairie** der schönste

***Gueberschwihr** versetzt Besucher in alte Zeiten zurück. Der Platz und die engen kopfsteingepflasterten Gassen sind von historischen Gebäuden in dezenten Farben umgeben. Der Bilderbuchort diente schon als Filmkulisse.*

Gueberschwihr

romanische Kirchturm 5 an der elsässischen Weinstraße. Das Kirchenschiff musste im 19. Jahrhundert wegen Baufälligkeit abgerissen und im neoromanischen Stil neu errichtet werden.

Wir radeln den großen Marktplatz hinunter, biegen unten rechts ab und kommen wieder zu der Kreuzung mit dem Brunnen. Hier fahren wir nun geradeaus, verlassen das Städtchen durch einen Torbogen und fahren hinaus in die Weinberge. Mit Blick nach links über die Oberrheinische Tiefebene erkennen wir den Südschwarzwald und den Kaiserstuhl am Horizont. In der anderen Richtung sehen wir oben auf dem Berg das Kloster Notre-Dame du Schauenberg.

Wir folgen dem Verlauf der Landstraße, die den einen oder anderen Schlenker durch die Weinberge macht. An einer Abzweigung, an der es rechts hinauf zum **Kloster Schauenberg** geht, fahren wir geradeaus weiter. Links sehen wir die katholische Kirche von

Soultzmatt

Pfaffenheim, romanischer Chor

Pfaffenheim im neoromanischen Stil. Ihre Besonderheit ist der außergewöhnlich schöne **romanische Chor** ❻ aus dem 13. Jahrhundert mit lombardischen Friesen.

150 Meter nach der Abzweigung zur Kirche nach Pfaffenheim gabelt sich die Straße ohne Wegweisung. Wir fahren hier rechts auf der nun stetig ansteigenden Straße durch Weinberge, bis hinauf zur Passhöhe **Col du Neuland** ❼**.** Dort oben sehen wir am Wegesrand ein altes Steinkreuz von 1807. Ein paar Meter weiter auf der eigentlichen Passhöhe treffen sich sechs Wege an einer Kreuzung. Hier stehen auch das Wegkreuz, das den Pass markiert, und ein Picknicktisch mit einer großen Steinplatte. Ein idealer Ort für eine Pause. Wir lassen die Stille auf uns wirken.

Wir freuen uns nun auf eine lange, flotte Talfahrt nach **Westhalten.** Dieses Tal ist noch recht ursprünglich und von der Flurbereinigung verschont geblieben. Hier wechseln sich Weinberge mit alten Nussbäumen und Streuobstwiesen ab. Die Straße endet im hübschen Weinort Westhalten an einer T-Kreuzung. Wir biegen hier rechts ab zu einem Abstecher nach **Soultzmatt.** Wer sich den knapp 2 Kilometer weiten Abstecher sparen will, kann hier stattdessen gleich links nach Rouffach abbiegen.

Nach rund 700 Metern kommen wir an eine verkehrsreiche Vorfahrtstraße, die **D 18 BIS.** Wenige Meter vorher müssen wir rechts abzweigen, an einem großen Parkplatz vorbeifahren und dann auf einer kleinen Straße weiterfahren, neben dem Ohmbach zwischen uns und der Hauptverkehrsstraße. Der Weg endet in **Soultzmatt,** wo wir beim **Château de Wagenbourg** ❽ auf die Hauptstraße geleitet werden. Nach 300 Metern haben wir das Ortszentrum an der **Mairie** erreicht. Am linken Ortstrand gelangt man durch einige malerische Gassen zur Kirche **St-Sébastien** ❾ mit einem besonders schönen romanischen Kirchturm.

Kirche in Westhalten

Wir fahren denselben Weg zurück nach **Westhalten** und dort weiter geradeaus, wo wir am edlen **Restaurant Koehler** ⑩ des Viersternehotels **Auberge du Cheval Blanc** vorbeikommen. Kurz vor dem Ortsende dürfen wir die Abzweigung nach links auf den Radweg nach **Rouffach** nicht übersehen. Wir befinden uns übrigens wieder auf dem EuroVelo 5, der hier an steilen Weinterrassen entlangführt. Nach 1 Kilometer biegen wir an einer Kreuzung links ab, um weiter dem Radweg an den Weinbergen entlang zu folgen.

Rechts von uns breitet sich das weitläufige Gelände des **Centre Hospitalier de Rouffach** aus, das aus der 1909 gegründeten Heil- und Pflegeanstalt Rufach hervorgegangen ist. Wir erreichen schließlich in Rouffach eine T-Kreuzung und biegen links auf einen Radweg ab. Kurz vor der gotischen **Église Ste-Catherine** biegen wir vor der Stadtmauer nach rechts in die **Rue aux Remparts** ab, die als geschotterter Weg in eine Lindenallee übergeht und der Stadtbefestigung folgt. Nach fast 500 Metern biegen wir nach einem Parkplatz links ab Richtung Altstadt, wo wir gleich die **Place de la République** erreichen.

Restaurant La Table Saisonnière

Mit ihren verwinkelten Gassen und altem Kopfsteinpflaster hat die **Altstadt** von **Rouffach** eine ganz besondere Atmosphäre. Sie hat viel Patina und ist nicht herausgeputzt wie manch andere elsässische Stadt. Trotz der beeindruckenden Architektur der Spätgotik und Renaissance um die Place de la République werden die Straßen weder von Touristen noch von Souvenirständen überflutet. Besonders imposant wirkt die kathedralenartige **Église Notre-Dame de l´Assomption ⑪,** die den Platz und die Altstadt beherrscht. Der **Hexenturm** (Tour des Sorcières) erinnert an die düstere Zeit der mittelalterlichen Hexenprozesse. Im Turmverlies wurden die Frauen vor ihrem Prozess gefoltert. Das ehemalige Kornhaus (Halle aux Blés) ist ein Renaissancebau von 1569. Es beherbergt heute das Museum für Stadtgeschichte. An der Stadtmauer befindet sich der Komplex des Alten Rathauses. Zur Einkehr empfehlen sich in der Altstadt das **Restaurant La Table Saisonnière ⑫,** das **Restaurant Aux Trois Colonnes ⑬** und das Restaurant **À la Grappe ⑭.**

*Die **Église Notre-Dame de l'Assomption** hatte das Straßburger Münster als Vorbild. Das Querschiff stammt aus der Frühromanik (11. Jahrhundert), das Langhaus aus dem 12. und 13. Jahrhundert, während Westwerk und Rosette der Spätgotik (14. Jahrhundert) angehören.*

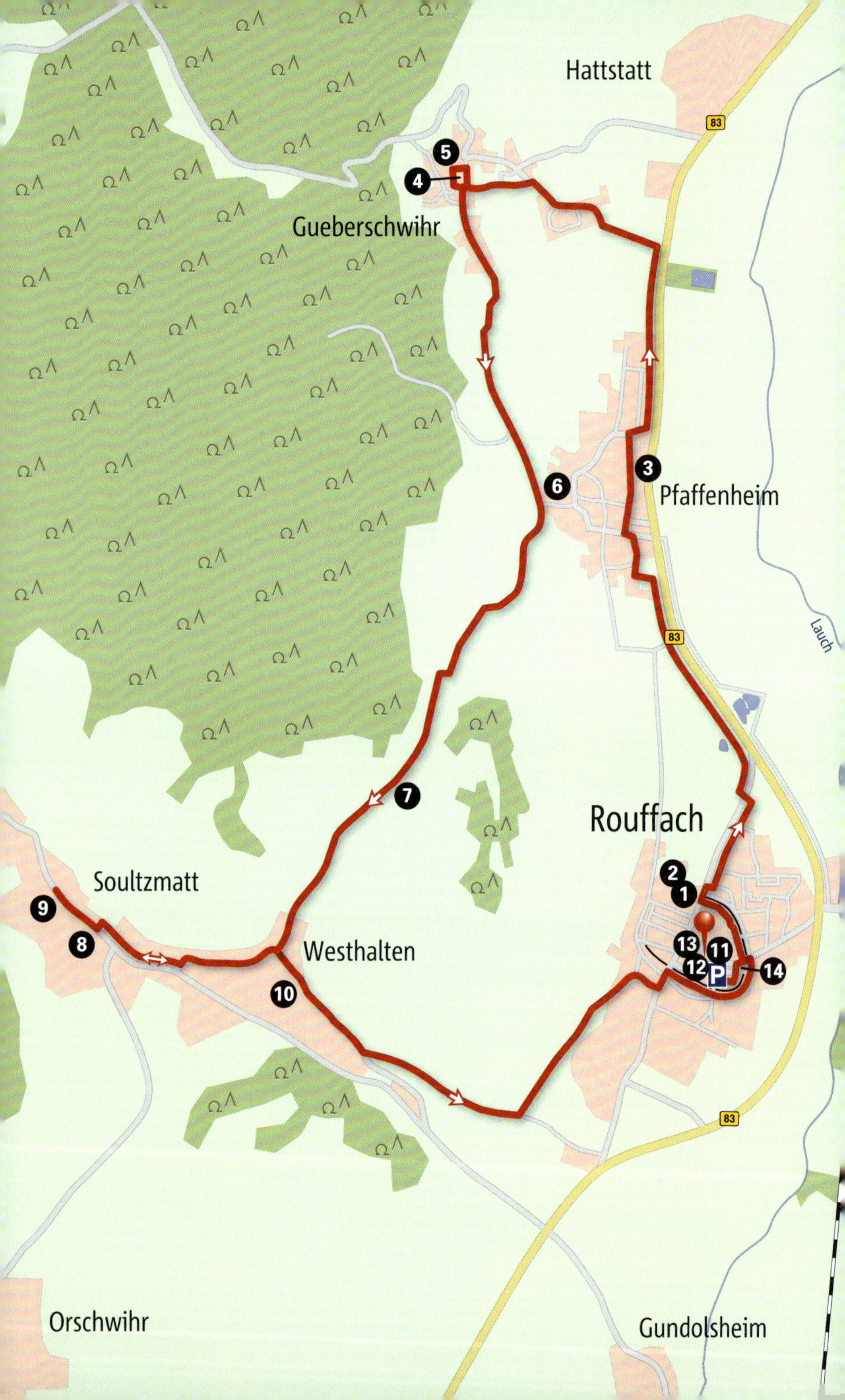
Hattstatt
83
5
4
Gueberschwihr
6
3
Pfaffenheim
83
Lauch
7
Rouffach
2
1
Soultzmatt
9
8
13
11
Westhalten
12
P
14
10
83
Orschwihr
Gundolsheim

Alles auf einen Blick

WIE & WANN:
Größtenteils Radwege und kaum befahrene Straßen. Eine lange Steigung. Ganzjährig gut befahrbar, am schönsten von Frühling bis Herbst.

HIN & WEG:
Auto: Place de la République (kostenlos), 68250 Rouffach (GPS: 47.95623, 7.3001)
ÖPNV: Gare de Rouffach (TER), auf der D 18 BIS 900 Meter entfernt

ESSEN & ENTSPANNEN:
Domaine de Rouffach ❶ 1 Rue Raymond Poincaré, 68250 Rouffach, Tel. +33 (3) 89 49 65 51, www.domainederouffach.com
Château D´Isenbourg ❷ 9–11 Rue de Pfaffenheim, 68250 Rouffach, Tel. +33 (3) 89 78 58 50, www.grandesetapes.com
Domaine Walter ❸ 10 Rue de la Tuilerie, 68250 Pfaffenheim, Tel. +33 (3) 89 49 62 85

Entspannung ✱✱✱✱✱
Genuss ✱✱✱✱✱
Romantik ✱✱✱✱✱

La Taverne Médiévale ❹ 11 Rue Haute, 68420 Gueberschwihr, Tel. +33 (3) 89 49 20 79, www.taverne-medievale.com
Restaurant Koehler ❿ 20 Rue de Rouffach, 68250 Westhalten, Tel. +33 (3) 89 47 01 16, www.restaurant-koehler.com
Restaurant La Table Saisonnière ⓬ 7 Rue de la Poterne, 68250 Rouffach, Tel. +33 (3) 89 49 36 82, la-table-saisonniere.paqe.io
Restaurant Aux Trois Colonnes ⓭ 3 Rue du Marché, 68250 Rouffach, Tel. +33 (3) 89 27 04 85, www.auxtroiscolonnes-restaurant.fr
Restaurant À la Grappe ⓮ 16 Place de la République, 68250 Rouffach, Tel. +33 (3) 89 49 71 02, www.alagrappe.com

ENTDECKEN & ERLEBEN:
Romanischer Kirchturm ❺ **Romanischer Chor** ❻ **Col du Neuland** ❼
Château de Wagenbourg ❽ **St-Sébastien** ❾
Notre-Dame de l´Assomption ⓫

Sarreinsming an der Saar

- 24 Kilometer (48 Kilometer)
- 15 Höhenmeter
- 3 Stunden (4 Stunden)
- Strecke (hin und zurück)

Am **Casino** in Sarreguemines (Saargemünd) gibt es zwei öffentliche Parkplätze. Von hier fahren wir zur Saar hinunter, die von einer modernen Fußgängerbrücke überspannt wird. Direkt am Flussufer liegt das schöne Gebäude der Gründerzeit mit dem stilvollen Restaurant **Le Casino** ❶. Wir überqueren den Fluss und fahren am Ende der Brücke rechts, um über eine kleine Treppe mit einer Schiene für Fahrräder das Flussufer zu erreichen. Von hier aus kann man auch einen Abstecher in die nette, aber nicht spektakuläre Altstadt machen, wo es am Marktplatz mehrere Lokale gibt. Vom **Bahnhof** aus erreicht man die Saar über die **Avenue de la Gare.**

Saar und Le Casino in Sarreguemines

Wir fahren auf dem Radweg am linken Ufer der **Saar** in südlicher Richtung stromaufwärts. Nach einem knappen Kilometer überquert eine Straßenbrücke den Fluss, wo der Saarkanal an der **Schleuse 27** ❷ in die Saar mündet, die ab hier flussabwärts schiffbar ist. Unsere Fahrradtour führt nun stets direkt am Kanal entlang, der bis Harskirchen den größten Teil unserer Tour immer im Saartal relativ nah am Fluss verläuft.

Stille Wasser

Am Kanal durchs Saartal

Hinter der Schleuse fahren wir an einer Marina entlang. Am Ende des Hafenbeckens wechseln wir vor der nächsten Schleuse über eine **Brücke** auf die andere Seite des Kanals und fahren hier auf dem alten Treidelpfad weiter. Diese Pfade, rechts und links des Ufers, wurden bis ins 20. Jahrhundert hinein dazu genutzt, nichtmotorisierte Lastenkähne von Pferden ziehen zu lassen. Auf unserer Fahrt sehen wir immer wieder große Greifvögel am Himmel kreisen und Graureiher am Kanalufer, die geduldig auf Beute warten.

Sarreguemines, Schleuse am Saarkanal

Wir fahren am rechts liegenden Dorf **Rémelfing** vorbei und sehen bald danach **Saareinsmingen** links auf einem Hügel über der Saar liegen. Rechts der Brücke am Flussufer entdecken wir eine Mühle mit eisernem Wasserrad. Wir kommen nach **Zetting,** das rechts des Kanals liegt und das man über eine Brücke erreichen kann. Dort ist die mittelalterliche Kirche **St-Marcel** ③ einen Abstecher wert. Ihr Kirchturm ist ein seltener Rundturm aus dem 11. Jahrhundert, der früher Teil der Ortsbefestigung war. Leider ist die Kirche nicht immer geöffnet. Man erreicht sie über die **Rue Principale,** von der nach 300 Metern links die **Rue de l'Église** abzweigt.

Nach der Schleuse gibt es an einer Anlegestelle für Schiffe einen Rastplatz mit mehreren Picknickbänken. Der Kanal macht hier eine leichte Rechtskurve, in der er von einer Eisenbahnbrücke überquert wird. Eine hohe Stützmauer befestigt ihn über der tiefer gelegenen Saar. Unser Radweg verläuft nun leicht oberhalb der Saar links von uns weiter am Kanal entlang.

Nach 5 Kilometern kommen wir nach **Wittring,** in dessen kleinem Hafen das **Bar Restaurant Victoria** 4 eine Terrasse gegenüber am Wasser bietet. Wir fahren weiter durch das idyllische, stille Saartal. Statt einer Straße begleiten uns Wiesen, Bäume und Wälder entlang des Kanals.

Gut 5 Kilometer weiter sehen wir links einen Bunker. Er war Teil eines strategischen Bauwerks aus den 1930er-Jahren, als man hier das **Stauwerk von Herbitzheim** 5 errichtete, um im Verteidigungsfall die Saar zu stauen und das so entstandene Überschwemmungsgebiet unpassierbar zu machen. Es kam allerdings nie zum Einsatz. Wir sehen hier heute nur noch geringe Reste und eine Infotafel.

Wenig später fahren wir bei Schleuse 21 durch **St-Michel** und unterqueren danach die Autobahnbrücke der **A 4.** Das Saartal ist hier sehr breit und recht eben. Der Flusslauf hat sich vom Kanal entfernt, aber in Sarralbe werden wir die Saar wiedersehen. Bald wird die Landschaft etwas hügeliger und der Radweg wechselt auf die andere Seite des Wasserwegs. Nach einem Taleinschnitt erreichen

Église Saint-Marcel

Für die Seele

Entspannt und gemütlich auf breiten Wegen stets am Wasser entlanggleiten, den Reihern beim Fischen und den Booten beim sanften Wellenschlag zuschauen.

Landschaft im Saartal
bei Wittring

Radweg am Saarkanal

Sarralbe mit Cathédrale de la Sarre

wir das Industriegebiet von **Sarralbe** mit einem großen Chemiewerk. Wir wechseln wieder über eine schmale Brücke auf das linke Kanalufer, neben dem die Saar wieder auftaucht mit den Türmen der Saar-Kathedrale von Sarralbe im Hintergrund. Der Kanal ist hier zu einem Hafenbecken erweitert.

50 Meter vor einer Brücke, die über den Kanal führt, fahren wir links über einen Radweg Richtung Stadtmitte. Vom Kreisverkehr führt die **D 28 K** auf die kathedralenartige **Église St-Martin** ❻ und den Torturm **Porte d'Albe** ❼ zu, einen Teil der ehemaligen Stadtbefestigung aus dem 15. oder 16. Jahrhundert. Die neugotische Kirche wurde erst 1907 an der Saar errichtet, die die Altstadt umfließt. Ihr Dach bevölkern zahlreiche Storchenfamilien, deren Geklapper weit über die Dächer der Stadt schallt.

Da von Sarralbe leider keine Personenzüge mehr verkehren, fahren wir wieder ans Kanalufer und von dort auf demselben Weg zum Startpunkt in Sarreguemines zurück. Man kann die Radtour aber auch weiter

Kanalbrücke

am Saarkanal fortsetzen und noch 20 Kilometer bis zum Jachthafen von Mittersheim fahren. Mit der Rückfahrt von dort beträgt die Gesamtstrecke 90 Kilometer.

Fährt man nun weiter auf dem Radweg Richtung Süden, überquert man wenig später auf der **Kanalbrücke** ⑧ von 1867 die Albe, einen Seitenfluss der Saar. Danach taucht der Kanal in dichten Wald ein. In **Bissert** kommt man am kleinen Jachthaften des **Harskircher Hafens** vorbei.

Der Verlauf des Kanals führt danach in einigen Kurven durch leicht hügeliges Land und taucht bald in ein großes, einsames Waldgebiet ein. Mitten in der Einsamkeit erscheint am Kanal vor einer Schleuse die ehemalige Relaisstation für Treidelpferde mit dem modernen, edlen **Restaurant de l´Écluse 16** ⑨. 7 Kilometer weiter erreicht man den **Jachthafen von Mittersheim,** wo man sich im netten **Café du Port** ⑩ (Montag ist Ruhetag) für die Rückfahrt stärken kann.

*Der **Harskircher Hafen** wurde beim Bau des Kanals angelegt. Der bescheidene Hafenbetrieb war für die kleine Region des Krummen Elsass von großer Bedeutung. Es verdankt seinen Namen dem hügeligen Relief und dem Buckel auf der Landkarte des Elsass.*

Boot auf dem Kanal bei Mittersheim

DEUTSCHLAND
Blies
Blies
Sarreguemines
(Saargemünd)
Sarre (Saar)
Canal de Houillères de la Sarre
Sarreinsming
Zetting
Dieding
Wittring
Siltzheim
Weidesheim
N64
Puttelange-aux-Lacs
4
Herbitzheim
Sarralbe
FRANKREICH
Keskastel
Albe
Kappel-kinger
Sarre (Saar)
Bissert
Sarre-Union
Harskirchen
Rose
Canal de Houillères de la Sarre
Forêt domaniale de Fénétrange
Insviller
Canal des Salines de l'Est
Mittersheim
Sarre
Grand Étang de Mittersheim
Loudrefing
Fénétrange
1
2
3
4
5
6
7
8
9
10

Alles auf einen Blick

WIE & WANN:
Durchgehend breite, asphaltierte Radwege direkt am Kanal, keine nennenswerten Steigungen. Ganzjährig gut befahrbar, am schönsten von Frühling bis Herbst.

HIN & WEG:
Auto: Parking du Casino (kostenlos), 1 Rue du Colonel Edouard Cazal, 57200 Sarreguemines (GPS: 49.11079, 7.07373)
ÖPNV: Gare de Sarreguemines (TER)

ESSEN & ENTSPANNEN:
Le Casino ❶ 1 Rue du Colonel Edouard Cazal, 57200 Sarreguemines, Tel. +33 (3) 87 09 59 78, www.brasserie-du-casino.com
Bar Restaurant Victoria ❹ 3 Rue du Port, 57905 Wittring, www.victoria-wittring.fr

An der Alternativroute empfehlenswert:
Restaurant de l´Écluse 16 ❾ Bonne Fontaine, 67260 Altwiller, Tel. +33 (3) 88 00 90 42, www.ecluse16.com
Café du Port ❿ Rue du Port, 57930 Mittersheim

ENTDECKEN & ERLEBEN:
Schleuse 27 ❷
Église St-Marcel ❸ 20 Rue de l´Église, 57905 Zetting
Stauwerk von Herbitzheim ❺
Église St-Martin ❻ Rue du Maire Charles Wilhelm, 57430 Sarralbe
Porte d'Albe ❼ 45 Rue Georges Clemenceau, 57430 Sarralbe
Kanalbrücke ❽

Entspannung ★★★★★
Genuss ★★★☆☆
Romantik ★★★★☆

Ill in Straßburg

- 45 Kilometer
- 50 Höhenmeter
- 4 Stunden
- Strecke

Wir beginnen die Radtour in der **Rue de l'Orangerie** zwischen dem Festplatz mit Park- und Wohnmobilstellplatz und dem Jachthafen am Kanal unterhalb des Château des Rohan. Dazu fahren wir zunächst in südöstlicher Richtung und biegen hinter der Brücke über den Rhein-Marne-Kanal an der ersten Möglichkeit scharf rechts ab und fahren hinunter zum **Kanalufer.** Dort geht es rechts auf den Radweg Richtung **Straßburg,** der auf dem ehemaligen Treidelpfad verläuft.

Vorbei an Urlauberbooten, die hier angelegt haben, erreichen wir bald die erste Schleuse, über die eine stillgelegte Eisenbahnlinie führt. Dahinter macht der Radweg wie nach jeder Schleuse einen kleinen Absatz nach unten, da wir nach und nach leicht bergab in die Rheinebene fahren. Unser Weg verläuft die ersten 25 Kilometer immer auf der rechten Seite des Wassers. Dabei kreuzen wir immer mal eine kleine Straße und fahren weiter geradeaus. Ähnlich wie auf einem Bahntrassenradweg kann man sich kaum verfahren. Dank des Kanals können wir auf vollkommen ebener Strecke durch Hügelland radeln.

Boote auf dem Rhein-Marne-Kanal

Landpartie

Von Saverne nach Straßburg

Rastplatz Ingenheim

Nach Schleuse 36 unterqueren wir eine Straßenbrücke. Dahinter liegt der kleine Jachthafen von **Steinburg** mit überdachtem Picknickplatz und einer komfortablen E-Bike-Ladestation inklusive Werkzeug und Luftpumpe. Auf dem nächsten Stück verläuft am linken Ufer die Bahnlinie, auf der wir später nach Saverne zurückfahren werden. Dahinter, von hier nicht sichtbar, fließt die **Zorn,** die den Kanal schon seit dem Vogesendurchbruch begleitet.

Bei **Dettwiller** passieren wir wieder einen kleinen Hafen und fahren danach weiter durch eine schöne, sanft hügelige Landschaft mit verstreuten Dörfern, Feldern, Baumgruppen und kleinen Wäldern. Wir sind hier im breiten Tal der Zorn unterwegs, durch das sich der Fluss unreguliert schlängeln darf. Im weiteren Verlauf wird es immer breiter, die Wiesen und Baumgruppen erinnern an einen englischen Landschaftsgarten.

Kurz vor der Schleuse 41 bei **Ingenheim** sehen wir einen witzigen **Rastplatz** 1 mit Grill. Hier hat ein Kreativer den eisernen Rumpf eines alten Boots auf die Wie-

!

Fast der ganze Kanalverlauf zwischen Saverne und Straßburg wird von einer Bahnlinie begleitet, Stationen in Orten unweit des Kanals ermöglichen fast jederzeit eine Rückfahrt mit der Bahn.

se gesetzt, mit Blumen geschmückt, mit Bänken bestückt und die Kajüte „Le Fleischwurst" genannt. Sie dient als Schutzhütte.

Links von uns fließt immer noch die Zorn, an deren Ufern brüchige Weiden wachsen, hinter denen wir bald den Kirchturm von **Hochfelden** herausschauen sehen. Hinter einer Brücke kommen wir am Hafen vorbei und nach Schleuse 42 wenig später am Hafen von **Mutzenhouse.** Hier liegen nicht nur Urlauberboote, sondern auch alte, als Hausboote genutzte Frachter. In **Waltenheim-sur-Zorn** bietet wieder ein kleiner Hafen eine schattige Rastmöglichkeit für Radler.

Rhein-Marne-Kanal mit Hochfelden

Für die Seele

Entlang stillem Wasser auf ebenen Wegen radeln wir durch ländliche Idylle und erreichen mit dem Kanal entspannt die traumhafte Altstadt von Straßburg.

Hafen von Mutzenhouse

Langsam ändert sich das Landschaftsbild, es wird flacher, da wir hier in die Oberrheinische Tiefebene kommen. Der Rhein-Marne-Kanal führt nun 5 Kilometer schnurgeradeaus, bevor er eine leichte Kurve macht. Nach langer Fahrt erreichen wir **Schleuse 46,** an der wir auf die linke Seite der Wasserstraße wechseln müssen. Wenig später tauchen wir in einen großen Mischwald ein, den wir erst nach rund 5 Kilometern wieder verlassen. An einer Abzweigung nach Brumath unterqueren wir eine Straßenbrücke und fahren weiter am Kanal entlang durch den Wald, wo wir langsam und unmerklich das Zorntal verlassen.

Vor und hinter **Schleuse 47** stehen mehrere große, zu Hausbooten ausgebaute Schiffe. Eines fungiert als Hotel. Kurz darauf in **Vendenheim** wechseln wir über eine niedrige **Drehbrücke** ❷ wieder auf die rechte Kanalseite. Folgt man einem Schild, das den Weg zu Geschäften und Restaurants weist, erreicht man nach gut 100 Metern die Hauptstraße mit entsprechender Infrastruktur.

Wir unterqueren eine Eisenbahn- und eine Straßenbrücke und kommen wieder an einem kleinen Hafen mit alternativen Hausbooten vorbei. In Höhe eines großen Gewerbegebiets hat man auf dem Treidelpfad eine Uferpromenade angelegt und den Radweg parallel unter eine Ahornallee verlegt. Wenig später, bevor die Schnellstraße **N 4** den Kanal überquert, sehen wir rechts ein riesiges Shoppingcenter. Wir treffen offensichtlich auf die ersten Ausläufer der Metropole Straßburg.

An **Schleuse 49** wechseln wir zum letzten Mal auf die andere Kanalseite, wo die Umgebung noch einmal ländlich wirkt. Hinter Schleuse 50 beschreibt der Kanal eine Rechtskurve und danach wieder eine Linkskurve. Im weiteren Verlauf führt er durch dicht mit Einfamilienhäusern besiedelte Vororte. Wir radeln entspannt am Wasser entlang und gelangen ohne Kontakt mit Autoverkehr in die Metropole.

Hinter **Schleuse 51** ❸ treffen wir auf die **Aar,** die hier in den Kanal mündet. Die Aar ist eigentlich ein Seiten-

Saarkanal und Rhein-Marne-Kanal bieten sich für eine entspannte mehrtägige, 155 Kilometer lange Radtour an. Ohne nennenswerte Steigungen geht es von Sarreguemines nach Straßburg durch die Nordvogesen. Die Rückfahrt mit dem TER ohne Umsteigen dauert nur 1 Stunde 20 Minuten.

Schleuse Waltenheim sur Zorn

arm der Ill, der sich im Westen von Straßburg abspaltet. Wir fahren über eine Brücke und noch ein Stück weiter am Rhein-Marne-Kanal entlang direkt auf das **Europaviertel** von Straßburg zu.

Cité Ungemach, Europäisches Parlament

Vor der nächsten Brücke, die den Kanal überspannt, verlassen wir das Ufer und biegen links Richtung **Centre Ville** ab. Wir radeln ein kurzes Stück hinauf bis zur Straße und machen einen U-Turn nach rechts, um auf der Brücke, die wir eben von unten gesehen haben, den Kanal zu überqueren. Links sehen wir das imposante runde Gebäude des **Europaparlaments ❹.** Wir überqueren nun an der Abzweigung, die links direkt zum Parlamentsgebäude führt, am zweiten Zebrastreifen den **Boulevard de Dresde,** um dann parallel zur genannten Zufahrtstraße auf einem zweispurigen Radweg am Parlament vorbeizufahren. Am Ende des Radwegs biegen wir links ab in die **Rue de Levant.** Sie führt durch die **Cité Ungemach ❺,** eine Gartenstadt mit perfekt sanierten Häusern aus den 1920er-Jahren. Léon Ungemach, ein französischer Industrieller, ließ hier 140 Wohnhäuser mit Garten für junge Familien bauen.

!

***Straßburg** ist wegen des Münsters und seiner einmaligen Altstadt, die zum UNESCO-Weltkulturerbe zählt, ein beliebtes Touristenziel und gut besucht. Am besten lässt sich die Stadt außerhalb der Ferienzeiten und an Wochentagen in Ruhe genießen.*

Wir treffen auf den **Quai du Chanoine Winterer,** auf dem wir am Ill-Ufer entlangfahren. Wir kommen am TV-Sender arte vorbei und danach an schönen Gründerzeitvillen in bester Lage am Fluss. Wir fahren stets auf der Uferstraße entlang, unterqueren den **Pont de la Dordogne** und die nächste große Straße **Avenue d'Alsace.** Danach treffen wir auf die Mitte der **Pont d'Auverne,** fahren rechts über einen Seitenarm der Ill, der hier vom Hauptfluss abzweigt, und biegen dann sofort links ab. Die nächste Kreuzung an der Pont Royale überqueren wir

Im Straßburger Münster

diagonal nach rechts in die **Rue des Pontonniers,** nach der wir gleich wieder einen Arm der Ill überqueren. 100 Meter später treffen wir auf die **Place St-Étienne** mitten in der herrlichen Altstadt. Wenn wir am Ende des Platzes durch die **Rue des Frères** weiterfahren, haben wir mit dem **Straßburger Münster** ⑥ das Ziel der Radtour erreicht.

Wir stehen auf der **Place de la Cathédrale** und bewundern mit vielen anderen Touristen das Westwerk des beeindruckenden gotischen Doms. Linker Hand steht die berühmte mit Holzschnitzereien versehene **Maison Kammerzell** ⑦ von 1589. Auf der Südseite der Kathedrale erstreckt sich die **Place du Château** mit dem gegenüberliegenden **Palais Rohan** ⑧. Kardinal Rohan ließ dieses prachtvolle Schloss 1728–1742 errichten, ein Höhepunkt der Barockarchitektur. Heute sind hier drei Museen untergebracht, das Musée des Beaux-Arts, das Musée Archéologique und das Musée des Arts Décorativs. Neben dem Palais kann man in der Teestube **Au Fond du Jardin** ⑨ in die perfekt bis ins Detail inszenierte Welt viktorianischer Tearooms eintauchen und sich von leckeren französischen Süßigkeiten und edlen Teesorten verführen lassen.

In 66 Metern Höhe zwischen den beiden Türmen der Kathedrale befindet sich eine ***Aussichtsplattform.*** *Sie ist über eine Wendeltreppe mit 330 Stufen im Südturm erreichbar. Der Blick über die Dächer der komplett erhaltenen Altstadt ist wirklich einmalig.*

Westlich des Münsters liegen die großen Einkaufsstraßen Grand´ Rue, Rue des **Grandes Arcades** und **Rue de la Haute-Montée.** Noch ein Stück weiter westlich Richtung Hauptbahnhof erstreckt sich das ehemalige Gerberviertel **La Petite France** ⑩. Das Wasser der Ill umgibt seine uralten Fachwerkhäuser, Mühlen, engen Gassen und versteckten Plätze. Es ist der Inbegriff des idyllischen alten Straßburg. Von hier ist es nur noch etwa 1 Kilometer zur **Gare Centrale,** dem Hauptbahnhof, von dem stündlich zwei bis drei Züge ohne Umsteigen zurück nach Saverne fahren.

Rhein-Marne-Kanal vor dem Schloss Rohan

La Petite France, Ill-Schleuse

Steinbourg
Monswiller
Saverne
Zorn
Dettwiller
Wilwisheim
Hochfelden
Mommenheim
Lupstein
Ingenheim
Mutzen-
house
Walten-
heim-
sur-Zorn
Canal de la Marne au Rhin
(Rhein-Marne-Kanal)
Wingersheim
Brumath
Weyersheim
Otterswiller
Marmoutier
FRANKREICH
Hoerdt
Eckwersheim
Truchtersheim
Berstett
La Wantzenau
Vendenheim
Wasselonne
Reichstett
Mundolsheim
Marienheim
Oberhausbergen
Schiltigheim
Rhein
Westhoffen
N4
DEUTSCH-
LAND
Strasbourg
(Straßburg

Alles auf einen Blick

WIE & WANN:
Durchgehend breite, asphaltierte Radwege direkt am Kanal, Radwege und verkehrsberuhigte Straßen in Straßburg, keine Steigungen. Ganzjährig gut befahrbar, am schönsten von Frühling bis Herbst.

HIN & WEG:
Auto: Parking Champ de Foire (nur Pkw, kostenlos), daneben Wohnmobilstellplatz, Rue de l'Orangerie, 67700 Saverne (GPS: 48.74377, 7.36636)
ÖPNV: Gare de Saverne (TER), vom Bahnhof auf der Rue de la Poste in östlicher Richtung 300 Meter zum Startpunkt. Rückkehr zum Ausgangspunkt mit der Bahn ab Gare Centrale de Strasbourg

ESSEN & ENTSPANNEN:
Au Fond du Jardin ❾ 6 Rue de la Râpe, 67000 Strasbourg, Tel. +33 (3) 88 24 50 06, www.aufonddujardin.fr

ENTDECKEN & ERLEBEN:
Rastplatz Ingenheim ❶
Drehbrücke Vendenheim ❷
Schleuse 51 ❸
Europaparlament ❹ Allée du Printemps, 67070 Strasbourg, Tel. +33 (3) 88 17 40 01, www.europarl.europa.eu
Cité Ungemach ❺
Straßburger Münster ❻ Place de la Cathédrale, 67000 Strasbourg, Tel. +33 (3) 88 21 43 34, www.cathedrale-strasbourg.fr
Maison Kammerzell ❼ 16 Place de la Cathédrale, 67000 Strasbourg
Palais Rohan ❽ 2 Place du Château, 67000 Strasbourg, Tel. +33 (3) 68 98 51 60, www.musees.strasbourg.eu
La Petite France ❿

Entspannung ✱✱✱✱✱
Genuss ✱✱✱✱✱
Romantik ✱✱✱✱✱

Wolxheim am Bruchekanal

- 25 Kilometer
- 45 Höhenmeter
- 2 Stunden
- Strecke

Wir verlassen den P+R-Parkplatz an der Ausfahrt, an der sich der Kassenautomat befindet, geradeaus entlang des überdachten Fußwegs. An der ersten Kreuzung fahren wir leicht nach links versetzt geradeaus und an der Straßenbahnhaltestelle vorbei, von der man mit dem Parkticket ins Zentrum fahren kann. Wir folgen dem Verlauf der **Rue Martin Schongauer** zwischen den Straßenbahnschienen und zehnstöckigen Wohnsilos. In einer Linkskurve biegen wir rechts ab Richtung **Centre Sportiv** in die **Rue Frans Hals,** unterqueren eine Eisenbahnlinie, fahren am Straßenbahndepot vorbei und biegen an der ersten Möglichkeit links ab.

Am Ende der Sportanlagen geht die Straße in einen zweispurigen Radweg über, der auf einer modernen

Radweg am Bruchekanal

Wie im Paradies

Am Bruchekanal nach Molsheim

Allee bei Kolbsheim

Kolbsheim

Brücke die Ill überquert. An der folgenden T-Kreuzung treffen wir auf einen Radweg, über den man nach rechts zum Bahnhof und in die Stadtmitte gelangt. Hier biegen wir links ab und kreuzen die nächste Straße durch eine Unterführung. Kurz danach unterqueren wir eine Bahnlinie und sehen links von uns schon den **Bruchekanal.** Nach wenigen Metern werden wir an einer ehemaligen Schleuse nach links geleitet, um ab hier dem linken Kanalufer zu folgen. Bald darauf unterqueren wir eine weitere Eisenbahntrasse und lassen die Großstadt langsam hinter uns.

Die Bruche verläuft die ganze Zeit in einigem Abstand links vom Kanal, wo sie sich windungsreich durch die flache Landschaft schlängelt. An den Ufern wachsen üppige Weiden. Der Kanal und der ihn begleitende Weg sind in weiten Abschnitten von Schatten spendenden alten Bäumen eingerahmt. Zur Linken haben wir meistens freien Blick auf die parkähnliche Landschaft mit Bruch- und Silberweiden am Flussufer. Rechts ist das gegenüberliegende Kanalufer dicht mit Bäumen und Büschen bewachsen, die der Böschung Halt geben. Der Kanal wirkt dadurch naturbelassener als manch begradigter Fluss.

Nach etwa 1,7 Kilometern idyllischer Fahrt treffen wir auf eine Querstraße mit Verkehrsampel, die rechts in den Straßburger Vorort **Eckbolsheim** führt. Nach schon 170 Metern ist das bei den Einheimischen beliebte Restaurant **La P'tite Cocotte** (1) erreicht.

*Der **Bruchekanal** wurde bereits 1681 nach der Annexion von Straßburg durch Ludwig XIV. angelegt. Der König ließ die Stadt zur Bastion ausbauen und Material dafür aus Steinbrüchen in den Vogesen über den Wasserweg transportieren. Er wurde bis 1939 genutzt.*

Für die Seele

Am romantisch verwilderten Kanal radeln, schön einkehren, einen verzauberten Garten besuchen und idyllische mittelalterliche Kirchen entdecken.

Château de Kolbsheim

Nach dem Zeiten Weltkrieg wurden zerstörte Brücken über den Kanal so niedrig wieder aufgebaut, dass ein Schiffsverkehr nicht mehr möglich war und die Anlagen langsam verfielen. Einige der insgesamt elf Schleusen wurden in den vergangenen Jahren restauriert. Die meisten Schleusenwärterhäuschen sind bewohnt.

Garten des Château de Kolbsheim

Nach 1,6 Kilometern überqueren wir die Straße, die in das rechts liegende **Wolfisheim** führt. Wir radeln weiter, bis wir an **Achenheim** vorbeikommen, wo der Weg für ein kurzes Stück in einen dichten Wald eintaucht. Danach schlängeln sich Kanal und Weg an **Hangenbieten** vorbei, wo wir die D 93 kreuzen, die in den Ort führt. Folgt man ihr und biegt an der ersten Abzweigung links ab, erreicht man schnell das Lokal **La Grange ❷,** das für seine Flammkuchen und Pizzen in der Region bekannt ist. Wir radeln stets weiter am verwunschen wirkenden Kanal entlang, während sich links des Wegs das Bruchetal immer mehr in einen englischen Landschaftspark zu verwandeln scheint. Der Flusslauf kommt bald ganz nah an den Kanal heran.

Wir stoßen auf die Landstraße D 711, die auf einer Brücke über Fluss und Kanal rechts hinauf in das 1 Kilometer entfernte **Kolbsheim** führt. Oben am Hang liegt das **Château de Kolbsheim ❸,** ein privates Schloss mit einem Traum von einem Garten, der Besuchern offen steht. Wer Sinn für romantische Gärten hat, sollte unbedingt einen Abstecher dorthin machen. Dazu fahren wir leicht bergauf in den Ort, wo wir am Rathaus links zum Schloss abbiegen. Kurz darauf beginnt ein Weg mit einer Mauer zu beiden Seiten. Nach weni-

*Ein **französischer Garten** ist der Inbegriff des Barockgartens des 17. und 18. Jahrhunderts. Er diente höfischer Repräsentation in einem streng geometrisch durchdachten Gesamtkunstwerk. Als Schöpfer gilt André de Le Nôtre, der Gestalter der Gärten von Versailles (1661).*

Radweg am Bruchekanal

gen Metern steht links ein unscheinbares grünes Tor offen, über das wir in den Garten treten. Die Eintrittsgebühr von 5 € hinterlassen wir in einer Spendendose.

Wir stehen nun in einem französischen **Garten,** der mit Brunnen, Teichen, Hecken und Skulpturen auf drei Terrassen angelegt ist, die einen einmaligen Blick auf die Elsässische Ebene bieten. Das zweiflügelige **Schloss** stammt aus dem 18. Jahrhundert und wird heute noch von der Familie Grunelius bewohnt. An den Hängen und im Bruchetal ist der formale Garten von einem englischen Landschaftsgarten umgeben, was unseren Eindruck von der parkähnlichen Landschaft unten am Kanal erklärt. Wir schlendern durch das stille Gartenidyll, das Balsam für die Seele ist.

Schließlich fahren wir wieder denselben Weg zum Kanal hinunter und setzen die Radtour fort. Wenig später unterqueren wir die Autobahnbrücke der neu erbauten **A 355,** die offensichtlich einen Teil des englischen Gartens durchtrennt. Wenig später stoßen wir auf eine Schleuse, in deren malerischem Schleusenwärterhäuschen sich ein traumhafter Biergarten für Radler etabliert hat, **Ravito des Cyclos** ④.

Wir radeln weiter auf dem von dichtem Grün umgebenen Kanalradweg, während sich links von uns die Bruche durch das Unterholz schlängelt. Direkt an der nächsten Kreuzung mit einer Straße, die rechts nach **Ergersheim** führt, liegt das schöne **Restaurant Au Canal** ⑤ mit einem zauberhaften Innenhof.

Ehemalige Schleuse am Bruchekanal

Bei **Wolxheim** kreuzen wir wieder eine Straße. Hier liegen Häuser direkt am Kanal. Hinter dem Ort ragen die ersten Weinberge auf. Etwas später erreichen wir eine kleine Kreuzung, an der eine schmale Brücke rechts zu einem schönen Anwesen führt und links ein Wegweiser zur **Église Dompeter** weist. Diesem folgen wir und verlassen hier den Bruchekanal. Wenige Meter später fahren wir auf dem Radweg über die **Mossig,** einen 30 Kilometer langen Fluss, der aus nördlicher Richtung kommt und hier in die Bruche mündet.

Wir kommen nun nach **Avolsheim** und fahren ein Stück an der Bruche entlang, bis wir vor einer Mauer links abbiegen müssen und somit direkt vor der romanischen **Chapelle St-Ulrich** ⑥ stehen. Sie gehört zu den ältesten und bedeutendsten romanischen Bauwerken des Elsass. Wir fahren weiter rechts an der Kapelle und der benachbarten neoromanischen Kirche vorbei und biegen an einem kleinen ummauerten Park rechts ab. Links liegt das innen modern gestaltete **Restaurant Le Basilic** ⑦ mit nettem Außenbereich.

*Die **Chapelle St-Ulrich** wurde um das Jahr 1000 als Grabkapelle mit dem Grundriss eines vierblättrigen Kleeblatts erbaut. Der achteckige Turm stammt von 1160. In der Kapelle sind Fresken aus dem 12. Jahrhundert gut erhalten.*

Um nach **Molsheim** zu gelangen, biegen wir rechts ab, sollten aber vorher noch einen Abstecher zur nahen zweiten bedeutenden romanischen Kirche von Avolsheim machen. Dazu geht es hier geradeaus weiter. Nach

Restaurant Au Canal Ergersheim

Kirche Dompeter in Avolsheim

weniger als 800 Metern kommen wir zur **Kirche Dompeter** ❽, die friedlich von einer Friedhofsmauer umgeben auf einer grünen Wiese steht. Teile des Baus gehen auf das 6. Jahrhundert zurück, weshalb sie als älteste Kirche des Elsass gilt. Leider wurde sie im 19. Jahrhundert innen so stark verändert, dass sie keinerlei Atmosphäre einer mittelalterlichen Kirche ausstrahlt. Lediglich das Hauptportal lohnt einen Blick aus der Nähe.

Wir fahren zurück nach **Avolsheim,** um dort auf der **D 127** Richtung Molsheim (beschildert mit Toutes Directions) zu fahren. Wir überqueren die Bruche und biegen beim folgenden Zebrastreifen links ab auf den Fahrradweg nach **Molsheim.** Der Weg verläuft hier auf der Trasse der ehemaligen Bahnlinie Molsheim–Romanswiller und wird rechts von Weinbergen und links vom Auwald der Bruche begleitet.

Kurz nachdem wir auf einer Brücke die Bruche überquert haben, biegen wir vor einer Lagerhalle rechts auf den Radweg nach **Molsheim Centre** ab. Am Ende des Wegs treffen wir auf eine Straße, über die man nach links den Bahnhof erreicht. Wir biegen aber rechts ab und fahren zwischen Freibad und Campingplatz auf dem separaten Radweg zum Kreisverkehr. Dort folgen wir weiter geradeaus dem Verlauf des Radwegs bzw. der Straße. An einem Stoppschild fahren wir weiter geradeaus und biegen vor dem Schild „Einfahrt verboten" rechts ab Richtung Centre Ville. Am Ende einer immer enger werdenden Gasse erreichen wir nun die **Place de l'Hôtel de Ville** mit schönem Brunnen und dem Renaissancebau **Metzig,** im 16. Jahrhundert als Haus der Fleischerzunft erbaut. Heute beherbergt er in seinem Gewölbe das Restaurant **La Metzig** ⑨. Links neben der Metzig gibt es ein weiteres Restaurant im **Hôtel Auberge Au Cheval Blanc** ⑩. So haben wir zwei Möglichkeiten, uns nach der Radtour zu stärken.

La Metzig

Marienheim
Mittelhausbergen
Oberhausbergen
Strasbourg
(Straßburg
Oberschaeffolsheim
Wolfisheim
Eckbols-
heim
Koenigshoffen
Canal de la Bruche
Mossig
Ergersheim
Wolxheim
Achenheim
Ernolsheim-
Bruche
Soultz-le-Bains
Hangenbieten
La Bruche
Holtzheim
Kolbsheim
Avolsheim
Dachstein
Lingolsheim
Molsheim
Strasbourg-
Entzheim
Entzheim
Illkirch-
Graffenstaden
Dorlisheim
Altorf
Duttenheim
Griesheim-
près-Molsheim
Rosheim
355
N4
4
35
352
500
Ill

Alles auf einen Blick

WIE & WANN:
Durchgehend asphaltierte Radwege direkt am Kanal und auf ehemaliger Bahntrasse, praktisch autofrei, keine Steigungen. Ganzjährig gut befahrbar, am schönsten von Frühling bis Herbst.

HIN & WEG:
Auto: Parking Relais Elsau (GPS: 48.56838, 7.73031)
ÖPNV: Gare Centrale de Strasbourg (TER), gute Bahnverbindung ab Molsheim für die Rückfahrt

ESSEN & ENTSPANNEN:
La P´tite Cocotte ❶ 11 Rue du Canal, 67201 Eckbolsheim, Tel. +33 (3) 88 78 43 30
La Grange ❷ 4–12 Rue des Fleurs, 67980 Hangenbieten, Tel. +33 (3) 88 96 01 08
Ravito des Cyclos ❹ 3 Écluse, 67120 Ernolsheim-Bruche, Tel. +33 (6) 64 78 27 70 , www.ravitodescyclos.com
Restaurant Au Canal ❺ 2 Rue Principale, 67120 Ergersheim, Tel. +33 (3) 88 38 11 31, www.restaurantaucanal.fr
Restaurant Le Basilic ❼ 4 Rue St-Materne, 67120 Avolsheim, Tel. +33 (3) 88 47 48 28, www.lebasilic67.com
Restaurant La Metzig ❾ 1 Place de l´Hôtel de Ville, 67120 Molsheim, Tel. +33 (3) 88 38 26 24, www.restaurant-metzig.fr
Hôtel Auberge Au Cheval Blanc ❿ 5 Place de l´Hôtel de Ville, 67120 Molsheim, Tel. +33 (3) 88 50 00 22, www.lechevalblanc-molsheim.fr

ENTDECKEN & ERLEBEN:
Château de Kolbsheim ❸ 21 Rue de la Division Leclerc, 67120 Kolbsheim, Tel. +33 (6) 20 71 53 73, www.kolbsheim.fr
Chapelle St-Ulrich ❻ Place de l´ Église, 67120 Avolsheim
Kirche Dompeter ❽

Entspannung ✱✱✱✱✱
Genuss ✱✱✱✱✱
Romantik ✱✱✱✱✱

Fahrradweg bei Fessenheim

- 42 Kilometer
- 20 Höhenmeter
- 3 Stunden
- Rundtour

Als Startpunkt der Rundtour bietet sich in Neuf-Brisach der große zentrale Exerzierplatz der Festungsstadt an, der auch als Parkplatz genutzt wird. Leider hat die Stadt keinen Bahnanschluss. Die einzige Möglichkeit, per Bahn anzureisen, besteht in Breisach auf der anderen Rheinseite mit der S-Bahn von Freiburg aus, wo man natürlich auch in die Rundroute einsteigen kann.

Neuf-Brisach gehört seit 2008 zum UNESCO-Weltkulturerbe. Die achteckige Festungsanlage mit ihren bestens erhaltenen Mauern und Wallanlagen und dem schachbrettartigen Grundriss einer Garnisonsstadt sind einmalig. Sehenswürdigkeiten sind die vier Brunnen auf dem zentralen Platz, die Garnisonskirche St-Louis aus dem 18. Jahrhundert, das Street Art Museum MAUSA Vauban im Belfort-Tor im Südwesten und das Colmar-Tor im Nordwesten.

__Neuf-Brisach__ ist keine gewachsene Stadt. Sie entstand um 1700 unter Ludwig IV. auf dem Reißbrett und wurde von seinem Baumeister Vauban entworfen. Sie hat einen achteckigen Grundriss und war seinerzeit die größte Festung Frankreichs.

Wir verlassen den zentralen Platz über die Zufahrt zum Parkplatz und fahren durch die **Rue de Bâle** in südöstlicher Richtung zur **Porte de Bâle ①**, wo wir kurz halten, um von der Brücke aus die Festungsanlagen zu bestaunen. Wir folgen dem Verlauf der Straße bis zu einer Kreuzung, wo wir links abbiegen und dabei die grüne Markierung auf der Straße beachten, um den Radweg an der **D 1.4** zu erreichen (nicht Richtung Campingplatz abbiegen). Wir überqueren einen Kanal, fahren am ersten Kreisverkehr rechts und biegen am zweiten links ab. Am dritten Kreisverkehr fahren wir geradeaus. An der nächsten Linkskurve biegen wir

Grüne Ufer

Die Rheinauen bei Neuf-Brisach

Marktplatz mit
Église Saint-Louis
in Neuf-Brisach

rechts auf einen zweispurigen Radweg ab, auf dem wir bis **Argolsheim** fahren. Dort biegen wir rechts Richtung **Obersaasheim** auf einen Radweg ab, der auf einer ehemaligen Bahntrasse verläuft.

Wir fahren lange geradeaus und kommen bei **Obersaasheim** an einem Picknickplatz vorbei. Weiter geht es auf der alten Bahntrasse, vorbei an riesigen Maisfeldern, die hier in der Rheinebene im Elsass bevorzugt angebaut werden. Dabei werden Bewässerungssysteme mit riesigen Schlauchrollen eingesetzt, um den durstigen Mais zu gießen. Dazwischen sehen wir hohe Trockengestelle aus Metall, in denen Maiskolben getrocknet werden können.

Neuf-Brisach, Festungsanlage mit La Porte de Belfort

Plötzlich stehen wir vor dem Ende des zum Radweg ausgebauten Bahndamms, der ab hier von Bäumen und Büschen überwuchert ist, und biegen rechts ab. Wir fahren durch die breite Dorfstraße von **Heiteren** bis zu einer gelben Kirche, wo wir auf die Vorfahrtstraße links Richtung **Balgau** abbiegen. Am Ortsende wechseln wir auf den parallel zur **D 468** verlaufenden Radweg.

In der weiten Ebene wird, so weit das Auge reicht, fast nur Mais angebaut. Nach gut 2 Kilometern treffen wir unvermittelt wieder auf den **Bahntrassenradweg,** der vor einer Kurve

Für die Seele

Von barocken Mauern im Schatten mächtiger Wallanlagen durch weite Felder zu den Ufern des Rheins mit einsamen grünen Ufern radeln.

Bahntrassenradweg

rechts abzweigt. Er verläuft schnurgerade, während wir bald die Ausläufer von **Balgau** durchqueren. Wir kommen nach **Fessenheim,** wo wir an einem großen Wohnmobilstellplatz auf eine Querstraße treffen, auf die wir links auf die **D 3 B** abbiegen. An der nächsten Kreuzung biegen wir auf die **D 468** ab und erreichen die Ortsmitte. Rechts gegenüber der Kirche bietet das **Bistrot de la Diligence** ❷ eine der wenigen Einkehrmöglichkeiten in der Gegend.

An der **Kirche** biegen wir links ab und folgen der **Rue du Rhin.** Noch vor dem Stoppschild am Ortsende wechseln wir auf den hier beginnenden Radweg parallel zur Straße. Nach etwa 1 Kilometer entfernt sich der Weg etwas von der Straße, macht eine Linkskurve und verläuft nun neben der **D 52 G** durch einen lichten Wald mit vielen Akazienbäumen.

Bei einem Gewerbebetrieb endet der Radweg. Hier biegen wir rechts ab Richtung **Neuenburg am Rhein.** Wir folgen dem Verlauf des Radwegs an der Straße, auf dem wir gleich zum **Wasserkraftwerk Fessenheim** ❸ kommen, das an einer riesigen Staustufe das Wasser des Rheinseitenkanals zur Stromerzeugung staut. Wir überqueren das mächtige Wehr. Danach steigt die Straße an, um die **Schleuse** für die Rheinschifffahrt zu überqueren. Nun führt sie wieder bergab und durch

Auenwald. Kurz danach überqueren wir auf einer Brücke den Rhein, durch dessen Mitte die **Grenze** zwischen Deutschland und Frankreich verläuft.

Schleuse am Rhein bei Fessenheim

Unmittelbar nach der Brücke machen wir einen U-Turn und fahren hinunter ans Rheinufer auf der deutschen Seite. Hier radeln wir auf dem geschotterten Fernradweg **EuroVelo 15** nach rechts Richtung Norden. Wir sind hier nun stets auf einem Deich unterwegs und fahren durch vom Klimawandel geschädigten Auenwald. Links von uns schimmert immer wieder der Rhein durch das Dickicht. Wir radeln lange weitab der Zivilisation durch wilde Natur.

Nachdem wir auf einer Lichtung an einem **Dammwildgehege** vorbeigefahren sind, halten wir uns links Richtung **Breisach.** Nach langer Fahrt auf dem erhöhten Rheinufer müssen wir bei einem Sackgassenschild rechts abbiegen. Der Radweg macht hier einen großen Bogen um einen kleinen Seitenarm, der heute von einem Jachthafen mit angrenzendem Dauercampingplatz genutzt wird. Am Rand des Geländes am Flussufer entdecken wir einen **Rastplatz** ❹, an dem wir mit Blick aufs Wasser eine Pause einlegen können.

*Das **Wasserkraftwerk** von Fessenheim mit einer Fallhöhe von fast 16 Metern und 180 Megawatt Leistung ist eines von vier Kraftwerken im Rheinseitenkanal, der zwischen Basel und Breisach parallel zum natürlichen Rhein verläuft.*

Wir nähern uns langsam Breisach. Der Rhein wird immer breiter, was daran liegt, dass er bei Breisach gestaut ist, und endlich löst Asphalt den staubigen Schotterbelag ab. Wir folgen weiter dem Uferweg und kommen schließlich am **Restaurant Rheinpromenade** ❺ vorbei, mit schöner Terrasse gegenüber vom Wehr mit Schleuse. Noch vor der Rheinbrücke biegen wir scharf rechts ab auf die Rheinuferstraße und nach 350 Metern links auf eine Brücke über den Nebenfluss **Möhlin.**

Noch vor dem nächsten Kreisverkehr, über den man nach 400 Metern den Bahnhof von Breisach erreicht, verlassen wir die Straße nach links und fahren auf einem Radweg weiter. An der nächsten Gabelung halten wir uns links Richtung **Neuf-Brisach.** Parallel zur **B 31** fahren wir über die Rheinbrücke. Von hier aus ist rechts das Breisacher Münster zu erkennen. In der Mitte der Brücke überqueren wir die Grenze und sind wieder in Frankreich. Wir folgen am anderen Rheinufer mit Freizeiteinrichtungen wie Campingplatz, Schwimmbad und Marina den Schildern nach Neuf-Brisach. Nach einem Kreisverkehr überqueren wir eine Schleuse und den Rheinseitenkanal mit einem Kraftwerk.

Breisacher Münster

Nach einem Umspannwerk geht es über eine Straße und dann fahren wir auf der **D 1.4** weiter durch ebene Riedlandschaft nach **Vogelsheim.** Dort geht es geradeaus und wir werden auf einem Radweg durch den Ort geleitet. Am Stadtrand kommen wir an einer Schule vorbei und biegen dann an einer T-Kreuzung rechts ab. Kurz vor einem **Bahnübergang** fahren wir nach links auf einen Radweg nach **Neuf-Brisach,** wo wir zuerst auf die Wallanlagen stoßen und schließlich auf die Straße an der **Porte de Strasbourg** 6 gelangen. Hier führt ein Weg hinunter in die **Wallanlagen,** eine Gelegenheit, sie noch zu umrunden. Durch das Stadttor gelangen wir geradeaus zum Exerzierplatz im Zentrum von Neuf-Brisach, dem Ausgangspunkt unserer Tour. Im Restaurant **La Fusion** 7 an der Place d'Armes kann man den Radltag ausklingen lassen.

!

*Die Festungsanlage von Neuf-Brisach lässt sich im **Wallgraben** zu Fuß oder mit dem Rad auf einem etwa 2,5 Kilometer langen Weg umrunden. Um den Rundweg interessanter zu gestalten, wurden Kunstobjekte installiert. Zugänge gibt es unter anderem an den Stadttoren.*

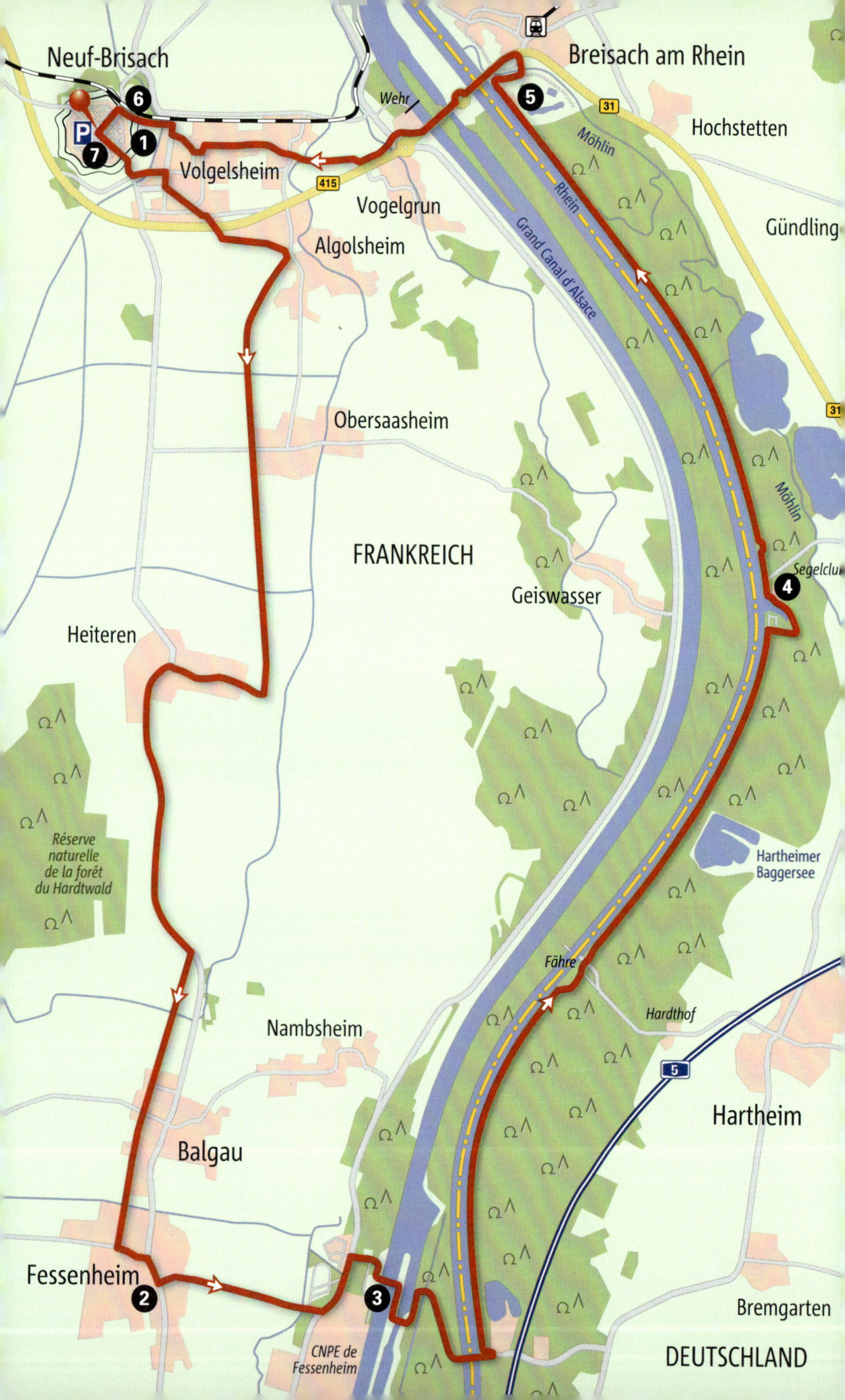

Neuf-Brisach
Breisach am Rhein
Wehr
Hochstetten
Möhlin
Volgelsheim
Vogelgrun
Rhein
Algolsheim
Grand Canal d'Alsace
Gündling
Obersaasheim
FRANKREICH
Geiswasser
Heiteren
Réserve naturelle de la forêt du Hardtwald
Hartheimer Baggersee
Fähre
Hardthof
Nambsheim
Hartheim
Balgau
Fessenheim
Bremgarten
CNPE de Fessenheim
DEUTSCHLAND

Alles auf einen Blick

WIE & WANN:
Kaum befahrene Straßen, asphaltierte Wege, geschotterter Rheinuferweg auf deutscher Seite, keine nennenswerten Steigungen. Ganzjährig befahrbar, am schönsten von Frühling bis Herbst.

HIN & WEG:
Auto: Parking Place d'Armes (kostenlos), 68600 Neuf-Brisach (GPS: 48.01753, 7.5287)
ÖPNV: Bahnhof Breisach (S1 von Freiburg), 400 Meter zur Radtour

ESSEN & ENTSPANNEN:
Bistrot de la Diligence ❷ 41 Rue de la Libération, 68740 Fessenheim, Tel. +33 (3) 89 57 91 28, www.restaurants-ladiligence.fr
Restaurant Rheinpromenade ❺ Rheinuferstraße 10 B, 79206 Breisach am Rhein, Tel. +49 (76 67) 90 48 85, www.restaurantcaferheinpromenade.metro.rest
La Fusion ❼ 14 Place d´Armes Général de Gaulle, 68600 Neuf-Brisach, Tel. +33 (3) 89 86 09 45

ENTDECKEN & ERLEBEN:
Porte de Bâle ❶
Wasserkraftwerk Fessenheim ❸
Rastplatz ❹
Porte de Strasbourg ❻

Entspannung ✱✱✱✱✱
Genuss ✱✱✱✱✱
Romantik ✱✱✱✱✱

Rhein-Rhône-Kanal

- 32 Kilometer
- 90 Höhenmeter
- 3 Stunden
- Strecke

Wir starten die Tour direkt am **Rhein-Rhône-Kanal** gegenüber dem Bahnhof **Mulhouse-Ville.** Nach 1,7 Kilometern führt der Radweg an den Sportplätzen beim Camping de l'Ill vorbei, deren **Parkplatz** wir für die Tour empfehlen, da er kostenlos und für alle Fahrzeugarten geeignet ist. Von dort sowie vom Bahnhof aus gelangt man mit dem Rad für einen Besuch von Mulhouse problemlos in die Stadtmitte.

Zentrum der Innenstadt ist der große Rathausplatz **Place de la Réunion.** Er ist von schönen alten Bürgerhäusern umgeben und wird von der neugotischen evangelischen Kirche **Ste-Étienne** dominiert. Das Rathaus **Hôtel de Ville** ① am östlichen Ende des Platzes ist ein schöner Renaissancebau aus dem 16. Jahrhundert mit Fassadenmalereien und einer Freitreppe. Es beherbergt

Im Rathaus von Mulhouse

Zur Wasserscheide

Von Mulhouse in den Sundgau

Street-Art in Mulhouse

das Historische Museum (Eintritt frei). Südlich vom Rathausplatz residiert das **Musée des Beaux Arts** ❷ in einer prächtigen Villa aus dem 18. Jahrhundert, das ebenfalls keinen Eintritt kostet. Mehr kostenlose Kunst kann man in den Straßen der Stadt entdecken. Dank eines jährlichen Street-Art-Festivals gibt es zahlreiche bemalte Hausfassaden.

Am Stadtrand ziehen mehrere große Technikmuseen jährlich rund eine halbe Million Besucher an. Die **Cité de l'Automobile** ❸ mit der Sammlung Schlumpf ist das größte Automuseum der Welt. Die **Cité du Train** ❹, ein modernes, interaktives Eisenbahnmuseum, das größte Europas, wartet mit einer beeindruckenden Sammlung Schienenfahrzeuge auf. Direkt nebenan erzählt das **Musée Électropolis** ❺ auf interessante Art die Geschichte der Elektrizität. Das vierte bedeutende Museum ist das **Musée de l´Impression sur Étoffes** ❻, das Stoffdruckmuseum mit einzigartiger Kollektion.

Wir starten auf der **Avenue du Général Leclerc,** die vor dem **Bahnhof** verläuft, in südwestlicher Richtung. Auf der Höhe des südlichen Endes des Bahnhofsgebäudes zweigt die **Rue Jules Ehrmann** ab, die den Kanal überquert. An dieser Abzweigung führt der **EuroVelo 6** hinunter zum Kanalufer am Hafenbecken mit Marina, wo wir einen U-Turn machen. Ab hier fahren wir ohne Berührung mit dem Straßenverkehr auf dem Treidelweg am Wasser entlang (der Kanal liegt dabei rechts

Dienstag, Donnerstag und Samstag sind die großen Markttage in Mulhouse. Der ***Marché du Canal Couvert****, wo die Ill überbaut wurde, ist der größte Markt im Nordosten Frankreichs. Über 300 Händler bieten dort jeweils bis 17 Uhr ihre Waren an.*

des Radwegs). Rechts ziehen schöne Villen der Gründerzeit an uns vorbei.

Hinter einer Eisenbahnbrücke kommen wir zur ersten **Schleuse.** Hier müssen wir auf das andere Ufer wechseln und dazu den Kanal auf der Brücke überqueren. Dort fahren wir zunächst ein Stück auf dem Radweg an einer Straße entlang, der gleich wieder zum Kanal führt. Rechter Hand liegen der **Parkplatz** am Sportplatz und die Zufahrt zum **Camping de l'Ill,** der auch ein guter Ausgangsort für die Radtour und eine Stadtbesichtigung ist.

Radweg EuroVelo 6

Für die Seele

Von der lebendigen Großstadt mit Museen von Weltrang entspannt am Wasser entlang hinaus in die ländliche Stille radeln und Kulinarisches genießen.

Bischöfliches Gymnasium

Wir erreichen wieder eine Schleuse und fahren auf derselben Seite des Kanals weiter. Bald lassen wir die letzten Häuser und Gewerbeimmobilien von Mulhouse hinter uns und sind draußen auf dem Land unterwegs. An der übernächsten Schleuse wechseln wir wieder auf die linke Kanalseite, auf der wir bis zum Schluss der Tour bleiben.

Zu beiden Seiten begleitet uns eine niedrige Hügelkette, die das Illtal markieren. Die Ill schlängelt sich rechts von uns durch Wiesen und Felder und ist vom Radweg aus noch nicht sichtbar. Wir nähern uns langsam dem Ort **Zillisheim** mit seinem spitzen Kirchturm. Rechts spiegelt sich plötzlich ein Schloss im Wasser des Kanals. Mitte des 19. Jahrhunderts ließ der damalige Bischof von Straßburg einen Schulpalast nach seinen Vorstellungen bauen. Seit 1869 ist dieses imposante Bauwerk aus Vogesensandstein ein **Bischöfliches Gymnasium** 7 für Jungen und Mädchen.

An der Schule kreuzt eine Straße über eine alte Zugbrücke den Kanal. Auch die nächste Straße über-

*Die 217 Kilometer lange **Ill** entspringt im Jura und fließt durch fast das ganze Elsass, bevor sie erst nördlich von Straßburg in den Rhein mündet, was man Mündungsverschleppung nennt. An der Ill liegen die Städte Mulhouse, Sélestat, Colmar und Straßburg.*

Zugbrücke

Kunstwerk auf dem Radweg am Rhein-Rhône-Kanal

quert den Kanal mit dieser Technik. Unmittelbar vor der Brücke fließt Wasser über ein Wehr in die Ill. Der Fluss kommt aus dem Süden, mündet kanalaufwärts in den Kanal und verlässt ihn hier wieder. Ein Stück weiter sehen wir vor einer Schleuse einen Zufluss zum Kanal von rechts. Auch das ist wieder die Ill.

Von links nähert sich ein Berg dem Kanalufer, hinter dem wir **Illfurth** erreichen. Gleich am Ortsanfang liegt links des Wegs der Biergarten **Sun´ Pub** ❽. Nur 500 Meter weiter erreichen wir **La Guinguette** ❾, einen zauberhaften kleinen Gastgarten unter Obstbäumen direkt am Kanal. Gleich nach der nächsten Brücke wieder ein Ablauf: Die Ill, die 500 Meter weiter aus dem Jura kommend in den Kanal mündet, verlässt ihn wieder. Hier am Zufluss zweigt auch der **Dreiland-Radweg** ab, der dem Flusslauf der Ill folgt, ein 210 Kilometer langer Radrundweg durch die Schweiz, Frankreich und Deutschland. Etwa 2 Kilometer weiter bei **Heidwiller** treffen wir auf eine interessante Kunstausstellung. Hier wurden Bilder direkt auf den Asphalt gemalt. Kleine Tafeln informieren über die Künstler. Bei **Eglingen** lädt das Gasthaus **À l'Arbre Vert** ❿ mit kleinem Biergarten zum Kanal zur Einkehr ein.

Rhein-Rhône-Kanal bei Eglingen

Die Schleusen hier am Kanal sind nicht automatisiert. Schiffer müssen sich telefonisch ankündigen, damit der Schleuser auf seinem Motorroller über den Treidelweg angedüst kommt, um die Schleuse zu bedienen. Wir radeln immer weiter durch die stille Landschaft, in der keine Straße, keine Bahnlinie und kein Industriegebiet die ländliche Idylle stören.

Der **Rhein-Rhône-Kanal** (Canal du Rhône au Rhin) hat eine Länge von 237 Kilometern mit 112 Schleusen und wurde in der Zeit von 1784 bis 1833 erbaut. Er verbindet die Rhône mit dem Rhein und somit das Mittelmeer mit der Nordsee.

Bei **Dannemarie** erweitert sich der Kanal zu einem Hafen, in dem zahlreiche Urlauberboote liegen. Hier sorgt das nette **Restaurant Aux 100 Pâtes** ⑪ für das leibliche Wohl von Boots- und Fahrradreisenden in netter Urlaubsatmosphäre. Kurz danach treffen wir auf eine interessante Schleusenkonstruktion, bei der das Flüsschen **Largue** von einer Kanalbrücke überquert wird.

Die Schleusen folgen nun in immer kürzeren Abständen aufeinander. Der Kanal beschreibt noch drei Kurven, bis wir vor uns die **Schleusentreppe Valdieu-Lutran** ⑫ sehen. Hier führen zwölf Schleusen nacheinander hinauf zur Wasserscheide zwischen den Flusssystemen Rhône und Rhein in 345 Metern Höhe. An der letzten Schleuse hat jemand einen netten kleinen

Restaurant Aux 100 Pâtes

Schleusentreppe Valdieu-Lutran

Picknickplatz unter einem Mirabellenbaum angelegt, an dem wir gerne eine kleine Pause einlegen.

Danach geht es eben und geradeaus weiter am Kanal entlang. Schließlich entfernt sich die Wasserstraße etwas vom Weg. Rechts von uns erkennen wir nun einen offensichtlich stillgelegten und überwucherten Kanalabschnitt. An einem Stoppschild biegen wir rechts ab und verlassen hier oben auf der Wasserscheide den EuroVelo 6, um zum **Bahnhof** von Montreux-Vieux zu gelangen und mit der Bahn nach Mulhouse zurückzufahren. Wer lieber mit Rad zurückfährt, wendet hier einfach.

Kurz nach der Abzweigung überqueren wir den Kanal und erreichen den Bahnhof von **Montreux-Vieux.** Um nach Mulhouse zu fahren, müssen wir zum gegenüberliegenden Bahnsteig gelangen, da die Bahn in Frankreich im Linksverkehr betrieben wird. Deshalb fahren wir noch auf der Straße weiter, bis wir die Bahngleise überquert haben.

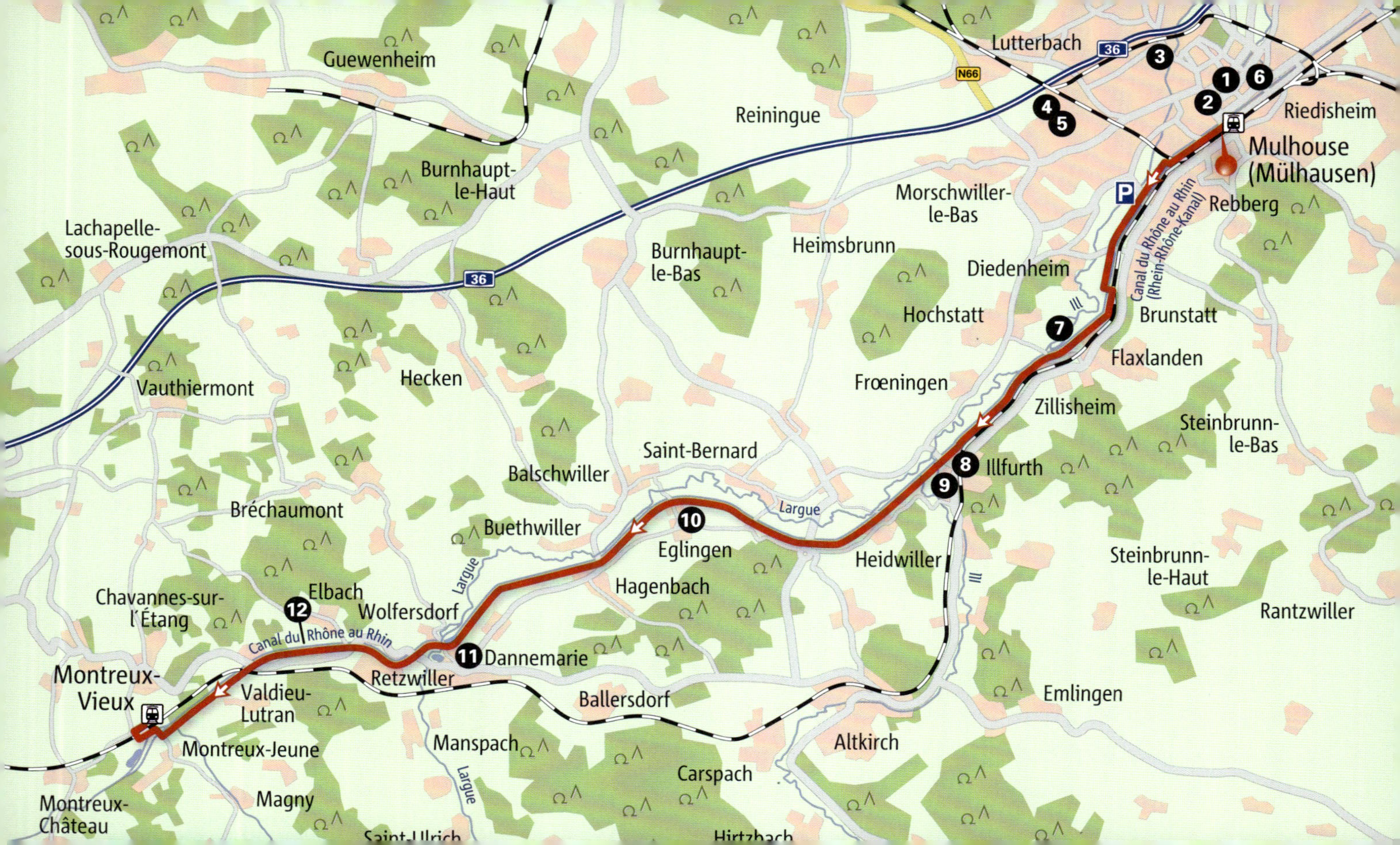
Mulhouse (Mülhausen)
Riedisheim
Rebberg
Lutterbach
Canal du Rhône au Rhin (Rhein-Rhône-Kanal)
Brunstatt
Flaxlanden
Zillisheim
Steinbrunn-le-Bas
Steinbrunn-le-Haut
Rantzwiller
Emlingen
Illfurth
Heidwiller
Altkirch
Reiningue
Morschwiller-le-Bas
Heimsbrunn
Diedenheim
Hochstatt
Frœningen
Saint-Bernard
Largue
Eglingen
Hagenbach
Ballersdorf
Carspach
Hirtzbach
Dannemarie
Retzwiller
Manspach
Saint-Ulrich
Magny
Montreux-Jeune
Valdieu-Lutran
Montreux-Vieux
Montreux-Château
Canal du Rhône au Rhin
Wolfersdorf
Elbach
Chavannes-sur-l'Étang
Bréchaumont
Buethwiller
Balschwiller
Hecken
Vauthiermont
Lachapelle-sous-Rougemont
Burnhaupt-le-Haut
Burnhaupt-le-Bas
Guewenheim
N66
36
Ill

Alles auf einen Blick

WIE & WANN:
Durchgehend gut asphaltierter Radweg direkt am Kanal, kaum Steigungen. Ganzjährig gut befahrbar, am schönsten von Frühling bis Herbst.

HIN & WEG:
Auto: Parken (kostenlos) am Sportplatz, 17–21 Rue Pierre de Coubertin, 68100 Mulhouse (GPS: 47.73433, 7.32587)
ÖPNV: Gare de Mulhouse-Ville (TER), Rückkehr zum Ausgangspunkt mit der Bahn ab Montreux-Vieux

ESSEN & ENTSPANNEN:
Sun´ Pub ❽ 81 Route de Mulhouse, 68720 Illfurth, Tel. +33 (3) 89 08 88 23
La Guinguette ❾ Le Long du Canal, 68720 Illfurth, Tel. +33 (6) 23 32 61 74
À l'Arbre Vert ❿ 18 Rue Principale, 68720 Eglingen, Tel. +33 (3) 89 25 30 29
Restaurant Aux 100 Pâtes ⓫ 7 Rue du Canal, 68210 Dannemarie, Tel. +33 (3) 89 25 75 95, www.aux100pates.com

ENTDECKEN & ERLEBEN:
Hôtel de Ville ❶ www.musees-mulhouse.fr
Musée des Beaux Arts ❷ www.musees-mulhouse.fr
Cité de l'Automobile ❸ www.musee-automobile.fr
Cité du Train ❹ www.citedutrain.com
Musée Électropolis ❺ www.musee-electropolis.fr
Musée de l´Impression sur Étoffes ❻ www.musee-impression.com
Bischöfliches Gymnasium ❼
Schleusentreppe Valdieu-Lutran ⓬

Entspannung ✱✱✱✱✱
Genuss ✱✱✱✱✱
Romantik ✱✱✱✱✱

Die GPS-Daten zu jeder Tour gibt es auf
www.droste-verlag.de

Konzeption/Satz: Droste Verlag, Düsseldorf
Einbandgestaltung: Britta Rungwerth, Düsseldorf, unter Verwendung von Bildern von © Fotolia.com: Andrey Kuzmin, undrey, dabost, niroworld; © www.stock.adobe.com: ake1150
Fotos: Ernst Wrba
Karten: Angelika Solibieda, Karlsruhe
Textlektorat: Petra Sparrer, Köln
Druck und Bindung: LUC GmbH, Greven

ISBN 978-3-7700-2295-3
www.droste-verlag.de